महाप्रभु श्री जगन्नाथ एवं श्री महाप्रसाद

डॉ दिनेश षड़ंगी, डॉ प्रीति षड़ंगी

विषय अनुसूची

प्रस्तावना

माता श्री भुवनेश्वरी की असीम अनुकम्पा एवं महाप्रभु श्री जगन्नाथ की प्रेरणा से, गुरुदेव पूरी पीठाधीश्वर श्रीमज्जगद्गुरु शंकराचार्य स्वामी श्री निश्चलानंद सरस्वती जी को हृदय से नमन करते हुए, पुरी श्री मंदिर में महाप्रभु श्री जगन्नाथ के नियमित पूजा, नीति–विधि एवं विभिन्न सेवाओं, महाप्रभु को अर्पित किये जाने वाले विभिन्न प्रसादों के निर्माण की विधि तथा महाप्रसाद के महत्व के सम्बन्ध में यह पुस्तक विशेषतः हिंदी भाषी लोगों के पढने की सुगमता हेतु प्रकाशित की जा रही है। भगवान् जगन्नाथ का यह पुरी धाम विश्व में भगवान् के महा प्रसाद के कारण प्रसिद्ध है अतः यहाँ महाप्रसाद बहुत नीति एवं विधि से बनाया एवं अर्पण किया जाता है, जिसे संसार के लाखों श्रद्धालु ग्रहण करते हैं। जिसके ग्रहण करने की भी विधि निश्चित हैं जोकि किसी अन्य मंदिर में नहीं है। महाप्रभु का महाप्रसाद सभी मनुष्यों को उनके पद, जाति, कुल, गोत्र, वर्ण, मर्यादा आदि सबकुछ विस्मृत कर सबके साथ सम-भाव करा देता है। महाप्रसाद की महिमा अवर्णनीय है। उड़िसा से लगे हुए छत्तीसगढ़ प्रान्त के सीमावर्ती लगभग सभी शहरों एवं गांवों में एक मंदिर महाप्रभु श्री जगन्नाथ का अवश्य है, इस प्रकार छत्तीसगढ़ के लोगों में महाप्रभु श्री जगन्नाथ के प्रति गहरी आस्था है, सभी लोग यहाँ नियमित उनका पूजन करते हैं एवं उनसे सम्बंधित सभी उत्सवों विशेषकर रथयात्रा को अवश्य मनाते हैं एवं अपने सभी विवाह आदि मांगलिक कार्यों में सर्वप्रथम निमंत्रण महाप्रभु श्री जगन्नाथ को दिया जाता है। आज हमारे देशभर के अन्य कई राज्यों के अलावे विश्व भर के भी कई देशों में महाप्रभु श्री जगन्नाथ के भव्य मंदिर बन रहे हैं एवं इस प्रकार विदेशों में भी श्री जगन्नाथ संस्कृति के प्रति प्रेम और आस्था बढ़ रही है। इस प्रकार देश ही नहीं विदेशों में भी यह पुस्तक बहुत उपयोगी होगी। इस पुस्तक में प्रमुख रूप से **"स्कन्द पुराण"**, के साथ डॉ भास्कर मिश्र जी जिन्होंने श्री जगन्नाथ संस्कृति पर अपना शोध ग्रन्थ लिखा है तथा जिनकी इस विषय पर 40 से अधिक पुस्तकें प्रकाशित हो चुकी हैं, के एक उड़िया भाषा की प्रसिद्ध पुस्तक **"श्री जगन्नाथ जी के राजभोग"** में प्रकाशित कई प्रसादों के विवरण एवं डॉ भास्कर मिश्र जी के मार्गदर्शन से संलग्न किया गया है। इसके लिए हम डॉ भास्कर मिश्र जी के हृदय से आभारी हैं। भगवान् जगन्नाथ

की सेवा में समर्पित इस कार्य हेतु अन्य उड़िया, अंग्रेजी, संस्कृत, हिंदी की पुस्तकों से भी संकलन किया गया है, जिसमे हिंदी में प्रकाशित श्री राजेंद्र कुमार मोहंती द्वारा लिखित **"तंत्र शिरोमणि, श्री जगन्नाथ"**, श्री संयुक्ता नन्द द्वारा लिखित **"श्री पुरुषोत्तम क्षेत्र, माहात्म्यम"**, एवं अन्य उड़िया लेखकों द्वारा लिखित महाप्रसाद के निर्माणविधि की पुस्तकों से संकलित किया गया है।

विश्वभूषण हरिचंदन
Biswabhusan Harichandan

राज्यपाल, छत्तीसगढ़
Governor, Chhattisgarh

राजभवन, रायपुर
Rajbhavan, Raipur

क्र./162/पीआरओ/रास/2023
रायपुर, दिनांक 06 दिसंबर 2023

संदेश

मुझे यह जानकर अत्यंत प्रसन्नता हुई कि डॉ. दिनेश षड़ंगी, डॉ. प्रीति षड़ंगी द्वारा हिन्दी भाषा में एक पुस्तक **"महाप्रभु श्री जगन्नाथ एवं श्री महाप्रसाद"** का प्रकाशन किया जा रहा है।

श्री जगन्नाथ सभी के आराध्य है। प्राचीन काल से ही उनकी पूजा एवं भोग की विशिष्ट परंपरा रही है। मुझे आशा है कि इस पुस्तक के माध्यम से छत्तीसगढ़ एवं अन्य हिंदी भाषी क्षेत्रों के लोगों को महाप्रभु के नित्य के नीति विधि एवं महाप्रसाद के निर्माण एवं ग्रहण करने की नीति के विषय में जानने एवं समझने में सहायता मिलेगी।

पुस्तक प्रकाशन के लिए मेरी हार्दिक शुभकामनाएं।

(विश्वभूषण हरिचंदन)

Dr. Bhaskar Mishra, MA, LLB, Ph.D.
Senior Research Scholar
Director General
International Shree Jagannath Institute
General Secretary, Neeladri Spiritual Trust, Odisha
Aai Tota, 3rd Lane, Near Shree Gundicha Temple
Puri - 752002, Odisha, India

Mob : 9437281102
E-mail : drbhaskarmishra@gmail.com

Foreword

"Mahaprabhu Shree Jagannath and Shree Mahaprasad" jointly authored by Shri Dinesh Kumar Shadangi & Smt. Preeti Shadangi is indeed a commendable endeavour to disseminate important information about Shree Jagannath culture & tradition for the masses of non-odiya people. The cultural tradition of Odisha has been enriched due to Shree Jagannatha consciousness.

Raigarh and its adjacent villages are situated on the border of Odisha and almost every village has a Shree Jagannath Temple in it. People in these areas are devotees of Lord Shree Jagannath Mahaprabhu. These people who cannot read or write Odiya are not able to satisfy their curiosity about "Darubrahma Shree Jagannatha". So the need of Shree Jagannatha culture & mahatmya was felt since a long time and this book is a step towards the fulfillment of that need.

Shri Dinesh Ku Shadangi & Smt. Preeti Shadangi, who are staunch devotees of Lord Shree Jagannath Mahaprabhu have taken great care to transmit this message with credible information in a lucid manner which, I am sure, would benefit the non odia readers.

I congratulate the both writer and wish to have more of such materials from their pen by the grace of Lord Shree Jagannatha.

Jay Shree Jagannatha.

24/11/2023

(DR. BHASKAR MISHRA)
— **Director General** —
International Shree Jagannath Institute

Kartika Sukla Dwadasi, 2023
Shree Jagannath Dham, Puri

श्री चतुर्थामूर्ति दिव्य दर्शन

नीलाभ्रश्यामलं विष्णुं शंख्लेंदुधवलं बलम्।
रक्तं सुदर्शनं चक्रं सुभद्रां कुङ्कुमारुणाम्॥

नीलमेघ मंडल के सदृश श्री जगन्नाथ,

शंख तथा चन्द्रमा के सदृश श्री बलभद्र

लाल वर्ण में सुदर्शन हैं और कुंकुम सदृश्य अरुणाभ श्री सुभद्राजी हैं।

महाप्रभु श्री जगन्नाथ स्तुति

स्रष्टा सृज्यं त्वमेवात्र पोष्टा पोष्यं जगत्प्रभो
आधारो प्रियमाणं च धर्ता त्वं परमेश्वर॥

हे प्रभो आप ही सृष्टि करने वाले हैं तथा सृष्टि के विषय वस्तु भी आप ही हैं,
आप ही पालनकर्ता हैं तथा जगत के पालन करने योग्य पदार्थ भी हैं,
अतः हे परमेश्वर आप ही कर्ता एवं धर्ता सबकुछहैं।

(स्कन्दपुराण)

श्री पुरुषोत्तम क्षेत्र

स्कन्द पुराण के अनुसार ब्रह्मर्षि मार्कंडेय ने प्रलय काल में जब सबकुछ डूब चुका था और कुछ भी शेष नहीं था, तब एक वृक्ष के तैरते पत्ते में बालमुकुंद भगवान् के दर्शन किये तब उन्होंने उन बालक भगवान् से कहा:-

एकार्णवे महाघोरे नावस्थातुं प्रदेशभू:।

अस्ति लक्ष्मीपते मेघवारिवातप्रकम्पनात्॥

त्राहि विष्णो जगन्नाथ मग्नं संसारसागरे।

मामुद्धरास्मादगोविंद कृपापाङ्गविलोकनात्॥

"हे सर्वव्यापी जगन्नाथ इस संसार समुद्र में कोई ऐसा स्थान नहीं है जहां स्थित हो सकता हूँ। हे लक्ष्मीपति! मेघ के जल तथा प्रचंड वायु के कंपन से मेरी रक्षा कीजिये मै इस संसार समुद्र में डूबा हुआ हूँ अतः अपनी कृपा कटाक्ष पूर्ण दृष्टि से मेरी ओर देखकर मेरा उद्धार कीजिये।"

॥श्री भगवानुवाच॥

मुने क्षेत्रमिदं चित्रं शाश्वतं मे विभावय।

न सृष्टिप्रलयावत्र विद्येते न च संसृतिः॥

तब भगवान् विष्णु ने उन्हें लक्ष्मीजी के साथ दर्शन देकर श्री मार्कंडेय मुनि से इस पुरुषोत्तम क्षेत्र के बारे में कहा "हे मुने, यह विचित्र क्षेत्र मेरा सनातन है ऐसा समझो यहाँ न सृष्टि है, न प्रलय है और न ही संसार का बंधन ही है यह सदैव एक स्थिति में रहने वाला पुरुषोत्तम नामक मेरा मोक्ष दायक स्थान जानो।

सदैकरुपं पुरुषोत्तमाख्यं

मुक्तिप्रदमं मामिह सम्प्रबुध्य।

अत्र प्रविष्टो न पुनः प्रयाति

गर्भस्थितिं सान्द्रसुखस्वरुपः॥

निरंतर एक रूपी श्रीपुरुषोत्तम नाम वाले मुझे मुक्तिदाता समझ कर जो ब्यक्ति यहाँ पर प्रविष्ट होता है, वह चिदानंद स्वरुप हो जाता है एवं पुनःउसका मातृगर्भ में प्रवेश नहीं होता।

॥श्रीरुवाच॥

पञ्चक्रोशमिदं क्षेत्रं समुद्रान्तव्यवस्थितम।

द्विक्रोशं तीर्थराजस्य तटभूमौ सुनिर्मलम्॥

महालक्ष्मी देवी ने मार्कंडेय ऋषि से कहा, "महाप्रभु जगन्नाथ का यह परम पवित्र पुरुषोत्तम क्षेत्र पांच कोस तक की सीमा में समुद्र के भीतर स्थित है और तीर्थराज समुद्र से दो कोस परिमित स्थान अत्यंत निर्मल है।

सुवर्णवालुकाकीर्ण नीलपर्वतशोभितम्।

योऽसौ विश्वेश्वरो देवः साक्षान्नारायणात्मकः॥

संयम्य विषयग्रामं समुद्रतटमास्थितः।

उपासितुं जगन्नाथं चतुर्वर्गफलप्रदम॥

यह क्षेत्र स्वर्ण बालुका (रेत) से आच्छादित तथा नील पर्वत से सुशोभित है, यहाँ पर साक्षात् नारायणात्मक विश्वेश्वर देवादिदेव महादेव ने समस्त इन्द्रियों को संयम पूर्वक चतुर्वर्ग फल के प्रदाता श्री जगन्नाथ जी की उपासना के लिए समुद्र तट का आश्रय लिया है।

॥श्रीरुवाच॥

सीमाप्रतीची क्षेत्रस्य शंखाकारास्य मूर्द्धनि।

सर्वकामप्रदो देव: स आस्ते वृषभध्वज:॥

शंखाग्रेनीलकंठ: स्यादेतत्क्रोश: सुदुर्लभ:।

परमं पावनं क्षेत्रं साक्षान्नारायणस्य वै॥

सिंधुराजस्य सलिलाद्यावान्मूलं वटस्य वै।

शङ्ख्स्योदरभागस्तु समुद्रोदकसंप्लुत:॥

इस पुरुषोत्तम क्षेत्र का आकर शंख के समान है उसके मस्तक पर पश्चिमी सीमा में समस्त कामनाओं को पूर्ण करने वाले भगवान् वृषभध्वज शिवजी विराजमान है। एक क्रोश परिमित यह क्षेत्र अति दुर्लभ है, यह समुद्र के जल से वट वृक्ष के मूल तक विस्तृत है। साक्षात् श्री नारायणजी का यह क्षेत्र परम पवित्र शंख के उदर भाग में है, जो समुद्र जल से प्लावित है।

अदो यद्दारू प्लवते सिन्धो: पारे अपूरूषम्।

तदारभस्व दुर्हणो तेन गच्छ परस्तरम्॥ (ऋग्वेद १०, २५५ .६)

यत्र देवो जगन्नाथ: परपारं महोदधे:।

बलभद्र: सुभद्रा च तत्र माममृतं कृधि॥ (ऋग्वेद परिशिष्ट)

"ऋग्वेद के अनुसार समुद्र के सन्निकट विद्यमान दारुब्रम्ह श्री जगन्नाथ, बलभद्र और सुभद्रा जी की शरणागति से अमृत तत्व सुनिश्चित है।"

(स्वामी श्री निश्चलानंद सरस्वती जी, श्रीमज्जगद्गुरु श्री शंकराचार्य गोवर्धनमठ, पुरीपीठ)

महाप्रसाद

श्री जगन्नाथ तंत्र के देवता हैं एवं महान तंत्र क्षेत्र पुरुषोत्तम पर सचल नील अचल होकर मंदिर में उपासित हैं। सभी तीर्थ, समस्त देवगण, सिद्ध गण वहां गुप्त रूप से अवस्थित होकर रहते हैं। महाप्रसाद भी एक तांत्रिक शब्द है, तांत्रिक विधानों से होने के कारण ही उसे महाप्रसाद कहते हैं। प्रसादान्न के परिपाक से लेकर महाप्रसाद के रूपांतरण तक सभी प्रक्रियाओं में तांत्रिकता स्पष्ट प्रतीयमान होती है क्योंकि रंधन के लिए जो वैष्णवाग्नि स्थापन संस्कार होता है वह प्राचीन तांत्रिक पद्धति से पुष्ट है। प्रसाद का पाककर्म षटकोणात्मक अग्नियंत्र (अर्थात उसमे 6 झंकाऐ या पीठ होती हैं उसपर नवचक्र यंत्र में अर्थात एक बार में नौ कुडुआ या मिटटी के पात्र स्थापित होकर पाक क्रिया संपन्न होती है जहाँ सृष्टि, स्थिति, प्रलयकारिणी विष्णु अर्धांगिनी आद्य महालक्ष्मी स्वयं, वैष्णवाग्नि में अमृततुल्य अन्न ब्यंजन आदि परिपाकित करती हैं।

समस्त जगतांया श्रीःसृष्टिस्थितिविनाशकृत्।

वैष्णवीशक्तिरतुला विष्णुदेहार्द्धहारिणी॥

सुधोपमं पचत्यन्नं भुंक्ते नारायणः प्रभुः।

तदुच्छिष्टोपभोगो हि सर्वाघक्षयकारकः॥

अर्थात समस्त जगत के आदि कारण, सृष्टि स्थिति प्रलयकारिणी, विष्णुदेहार्द्धधारिणी, अद्वितीया, वैष्णवीशक्ति श्रीदेवी (महालक्ष्मी) अमृततुल्य अन्न ब्यंजनादि पाक करती हैं एवं प्रभु नारायण उन्हें भोजन करते हैं। भगवान् के उस उच्छिष्ट भोजन से सभी के सारे पाप नष्ट हो जाते हैं।

जगद्धात्र्या हि तत्पक्वंवैष्णवाऽग्नौ सुसंस्कृते।
भुक्ते ऽन्वहं चक्रपाणिर्युगमन्वन्तरादिषु॥

जगद्धात्री देवी लक्ष्मी स्वयं सुसंस्कृत वैष्णव अग्नि से इसे पाक करती हैं एवं प्रतिदिन स्वयं चक्रपाणि बहु मन्वंतर एवं युग युगांतर तक भोजन करते आये हैं।

निवेदितान्नमन्यापिमूर्तिरीशस्यवर्तते।
पावनंतदपि प्रोक्तमुच्छिष्टं तु विमोचकम्॥

यह निवेदित अन्न ईश्वर हरिकी अपर मूर्ति स्वरुप है अतएवभगवान् का यह उच्छिष्टान्न सबके लिए पवित्र और मुक्तिप्रद कहा गया है।

महाप्रभु श्री जगन्नाथ अखिल ब्रम्हांड के नाथ एवं कलियुग के ये एकमात्र पूर्ण दारुब्रम्ह हैं। महाप्रसाद की उत्पत्ति का सम्बन्ध बहुत पहले महाप्रभु के मूलरूप नीलमाधव के समय से माना जाता है। इसमें एक आदिवासी जनजाति के मुखिया बिश्वाबसु नीलगिरी पर्वत की गुफा में प्रतिदिन इस नीलमाधव की पूजा फल-मूल आदि से किया करते थे क्योंकि उस घने जंगल में कहीं भी चावल या अन्य कोई सब्जी की उत्पत्ति नहीं होती थी। बिश्वाबसु जब फलमूल लेकर द्वार खोलते थे उन्हें ऐसे दिव्य सुगंध के अन्न एवंकई ब्यंजन भोग लगे हुए मिलते थे जो वहां के नहीं होते थे, तब लोगों ने जानाकि इन्हें देवी देवताओं ने दिव्य लोकों से लाकर लगाया है, इसलिए आज भी मान्यता है की जब तक उस रसोई के बने अन्न ब्यंजन महाप्रभु को भोग नहीं लगते हैं उनमे वह दिव्य सुगंध नहीं आती है जिसे ग्रहण करने के पश्चात मन और आत्मा भी तृप्त हो जाते हैं। इसलिए विश्व के अन्य सभी मंदिरों में भगवान् के भोग को प्रसाद ही कहा जाता है पर सिर्फ श्रीक्षेत्र पुरीके महाप्रभु श्री जगन्नाथ के भोग को **"श्रीमहाप्रसाद"** की मान्यता है क्योंकि महाप्रभु को समर्पित भोग पुनः भैरवी माता विमला को समर्पित

होता है इसलिए अन्न ब्रम्ह, दारू ब्रम्ह और शक्ति ब्रम्ह के साथ यह सामान्य प्रसाद षड़ंग संस्कार के द्वारा अन्नतत्व का विलोप होकर और ब्रम्हतत्व से आरोपित होकर महाप्रसाद की मान्यता से अभिमंडित हो जाता है।

"श्रीमद्भागवत्" में श्री पुरुषोत्तम परंब्रम्ह कैवल्यपति के रूप में प्रतिष्ठित हैं। श्रीमदभागवत के कैवल्यपति सम्प्रति श्रीक्षेत्र पर दारुब्रम्ह श्री जगन्नाथ के रूप में विद्यमान हैं, पुनश्च, कैवल्यपति श्री जगन्नाथ के लिए समर्पित भोज्यद्रव्य नैवेद्य, भोग, प्रसाद, महाप्रसाद के रूप में चार क्रमिक प्रक्रिया के पर्यायों में अंत में भैरवी चक्र में समर्पित होने के कारण कैवल्य नाम से नामित होना यथार्थ है।

प्रवृत्ते भैरवी चक्रे सद्यान्नं यत् समर्पितम्।

कैवल्यं कथितं साक्षात् अन्नब्रम्ह इतिमतम्॥

श्री मंदिर के गर्भगृह में रत्न सिंहासन के सम्मुख अवस्थापित उस भैरवी चक्र पर श्रीयंत्र रूपक अंकित की गई मेखला (घेरा) की परिधि में स्व पात्रों स्वर्णमय पात्र या पीतल के पात्रों में नैवेद्य परिवेषण किया जाता है, जो कि एक पुष्ट तांत्रिक प्रक्रिया विशेष है।

श्री मंदिर में श्री जगन्नाथ की उपासना के क्रम और रूप अनंत काल से प्रचलित हैं जिसमे पारंपरिक प्राचीन समृद्ध पूजा पद्धति के साथ परवर्ती युगों की पूजाविधियां मधुरता से समन्वित होकर हैं। यहाँ वैदिक प्रणव उपासना के साथ तांत्रिक पद्धति की यंत्र उपासना और बीजमंत्र उपासना का एक महत्वपूर्ण स्थान नित्य उपासना विधियों में है। जिसमे श्री जीउ दशाक्षर मन्त्र "ॐ गोपीजन वल्लभाय नमः" के साथ अष्ट दशाक्षर मन्त्र "ॐ क्लिं कृष्णाय गोविन्दाय गोपिजनवल्लभाय नमः"से पूजित होते हैं। यहाँ ॐ प्रणव वैदिक सूत्र का द्योतक है जबकि "क्लिं" तांत्रिक चैतन्य है। यहाँ चतुर्धा मूर्तियों की परिकल्पना अर्थात श्री बलभद्र, शुभद्रा, श्री जगन्नाथ तथा श्री सुदर्शन यौगिक तांत्रिक शक्ति से उद्भूत हुई हैं। श्री जगन्नाथ महाप्रभु अष्टाक्षरि, दशाक्षरी एवं अष्टादशाक्षरी मन्त्रों के क्रम से प्रभात, अपरान्ह और संध्या (रात्रि) के समय पूजित होते हैं। बलभद्र विराट के रूप में कल्पित हैं अतः उनकी आराधना पुरुष सूक्त के द्वादशक्षर ध्यान मन्त्र "ॐ नमो भगवते वासुदेवाय" मन्त्र से होती है; देवी सुभद्रा एकाक्षरी मन्त्र "ॐ ह्रीं भुवनेश्वरी नमः" तथा देवी सूक्त से भी आराधित होती हैं;श्री सुदर्शन की पूजा सप्ताक्षरि मन्त्र "ॐ सहस्त्रार हं फट्" से होती है।

महाप्रसाद ग्रहण और लोकाचार

किसी आसन पर बैठकर महाप्रसाद ग्रहण नहीं किया जाता है क्योंकि महाप्रसाद भोजन करने वालों से नीचे नहीं होते हैं, महाप्रसाद के साथ साधारण रसोई से बनाया खाद्य ग्रहण करना निषिद्ध है क्योंकि महाप्रसाद की पाकक्रिया यज्ञाग्री से होती है इसलिए इसके साथ अन्य खाद्य ग्रहण नहीं किया जा सकता है, यद्यपि अब अवश्य महाप्रसाद के साथ लोग निम्बू, मिर्च खाते हैं, किन्तु महाप्रसाद के साथ कोई भी निषिद्ध सब्जी, निषिद्ध पका हुआ फल (जैसे काजू फल, सीताफल आदी), प्याज, लहसुन आदी निषिद्ध पदार्थ, शस्य, निषिद्ध मसाला, तेल आदी भोजन करना सर्वदा निषेध है। महाप्रसाद सेवन के बाद बर्तनों की सफाई और हाँथ धोने का काम वहां होना चाहिए जहाँ किसी के पैर धरने की शंका ना हो। महाप्रसाद "सिर्साधारम्र्यहं" है अर्थात इसे शिर पर धारण करने योग्य हैंएवं यह सेवन के पहले करना चाहिए न कि सेवन के उपरान्त। महाप्रसाद महानन्द, महाप्रेम, महाभाव, महापवित्रता का मूर्तिमान प्रतीक है। महाप्रसाद, महाप्रभु श्री जगन्नाथ का ही स्वरुप है पर यहश्री जगन्नाथ से भी श्रेष्ठ है। महाप्रसाद से एक कण तक को भी नीचे गिराने का साहस कोई नहीं करता, क्योंकि इसके एक कण कैवल्य के लिए निर्मिमेष क्षेत्र से तैंतीस कोटि देवी देवता ताकते रहते हैं।

महाप्रसाद मानवता का जीता जागता प्रतीक है क्योंकिइसके सेवन में ऊँच नीच, अमीर गरीब, और छुआछुत का कहीं कोई भेदभाव नहीं है, राजा हो या रंक सभी साथ मिल बैठकर महाप्रसाद कोग्रहण करते हैं।

महाप्रसाद

गोस्वामी तुलसीदास जी पुरी धाम में

"16 वीं शताब्दी में तुलसीदास जी महाराज को किसी ने बताया कि पुरी के श्री जगन्नाथजी में साक्षात् भगवान् ही दर्शन देते हैं, बस फिर क्या था यह सुनकर तुलसीदासजी बहुत प्रसन्न हुए और अपने ईष्टदेव का दर्शन करने श्री जगन्नाथ पुरी को चल दिए। महीनों की कठिन और थका देने वाली यात्रा के उपरांत जब वे जगन्नाथ पुरी पहुंचे तो जगन्नाथजी के दर्शन करते ही उन्हें बड़ा धक्का सा लगा और वे निराश हो गए और विचार किये कि ये हस्तपाद विहीन देव मेरे सुन्दर ईष्ट श्री राम नहीं हो सकते। इस प्रकार दु:खी मन से बाहर निकलकर दूर एक वृक्ष के नीचे बैठ गए। सोचा कि इतना दूर आना ब्यर्थ हुआ, क्या गोलाकार नेत्रों वाला हस्तपाद विहीन दारुदेव मेरा राम हो सकता है? कदापि नहीं। रात्रि हो गई, थके-मांदे, भूखे-प्यासे, तुलसी का अंग टूट रहा था कि अचानक एक आहट हुई वे ध्यान से सुनने लगे, कोई कह रहा था अरे बाबा तुलसीदास कौन है? देखा तो एक बालक हांथों में थाली लिए पुकार रहा था, तुलसीदास ने सोचा साथ आये लोगों में से शायद किसी ने पुजारियों को बता दिया होगा कि तुलसीदास जी भी दर्शन करने आये हुए हैं, इसलिए उन्हें भी प्रसाद दे देते हैं। उन्होंने उठते हुए कहा –हाँ भाई, मै ही हूँ तुलसीदास। बालक ने कहा, अरे आप यहाँ, मै बड़ी देर से आपको खोज रहा हूँ, लीजिये जगन्नाथ जी ने आपके लिए प्रसाद भेजा है। तुलसीदास जी ने मना किया तो उस बालक ने कहा, आश्चर्य की बात है "जगन्नाथ का भात-जगत पसारे हाँथ" और वह भी स्वयं महाप्रभु ने भेजा और आप अस्वीकार कर रहे हैं, कारण? तुलसीदास जी ने कहा, अरे भाई, मै बिना अपने ईष्ट को भोग लगाये कुछ ग्रहण नहीं करता, फिर यह जगन्नाथ का जूठा प्रसाद जिसे मै अपने ईष्ट को समर्पित ना कर सकूँ, यह मेरे किस काम का? बालक ने मुस्कुराते हुए कहा अरे, बाबा यह आपके ईष्ट ने ही तो भेजा है। तुलसीदास बोले-वह हस्तपाद विहीन दारुमूर्ति मेरा ईष्ट नहीं हो सकता। तब उसबालक ने कहा कि फिर आपने अपने श्रीरामचरितमानस में यह किसके रूप का वर्णन किया है –

"बिनु पद चलइ सुनइ बिनु काना। कर बिनु करम करइ विधि नाना॥
आनन रहित सकल रस भोगी। बिनु बानी बकता बड जोगी॥"

बालक ने कहा श्री जगन्नाथ जी ही श्री राम है और मंदिर के चारों द्वारों पर हनुमान जी पहरा देते हैं और विभीषण जी यहाँ उनके नित्य दर्शन करने आते हैं, कल प्रातः तुम भी आकर दर्शन कर लेना, कहकर बालक अदृश्य हो गया। अब तुलसीदास की भाव-भंगिमा देखने लायक थी, तुलसीदास जी का रोम रोम रोमांचित हो रहा था, नेत्रों से अविरल अश्रुधारा बहने लगी, मुख से शब्द नहीं निकल रहे थे और शरीर की कोई सुध नहीं रही थी और तब उन्होंने बड़े प्रेम से प्रसाद ग्रहण किया। प्रातः जब तुलसीदास जी मंदिर गए तब उन्हें श्री जगन्नाथ, बलभद्र और सुभद्रा जी के स्थान पर श्री राम, लक्ष्मण और जानकी जी के भव्य दर्शन हुए, इस प्रकार परम दयालु भगवान् ने भक्त की इच्छा उनके अंतर्मन को जागृत कर पूरी कर दी।

जिस स्थान पर तुलसीदास जी ने रात्रि व्यतीत की वह स्थान 'तुलसी चौरा' नाम से विख्यात हुआ। वहां पर तुलसीदासजी के पीठ 'बडछता मठ'के रूप में आज प्रतिष्ठित है। इस कारण भगवान् जगन्नाथ को एक दिन श्री राम केवेश में भी श्रृंगार किया जाता है।

श्रीरघुनाथबेष

इसी प्रकार तुलसीदास जी के अलावे भारत के अन्य कई महान संतों के श्री जगन्नाथ पुरी आने एवं भगवान् के दर्शन करने का वर्णन इतिहास में मिलता है, जिनमे मुख्य हैं आदीशंकराचार्य, श्री चैतन्य महाप्रभु, श्री रामानुजाचार्य, श्री बल्लभाचार्य, श्री गुरुनानक देव जी, संत कबीर, स्वामी राम कृष्ण परमहंस की धर्मपत्नी शारदा देवी, इत्यादि।

ओड़िसा में श्री महाप्रसाद की एक स्वतंत्र भूमिका है। महाप्रसाद समाज को एक सूत्र में पिरोने का कार्य भी करता है जिसमे बंधुओं के बीच संपर्क साधारण रक्त-संपर्क से भी अति घनिष्ठ (अन्तरंग) होते है। इसमें महाप्रसाद विनिमय करके कोई भी मनुष्य अन्य किसी मनुष्य से बंधुता के सूत्र में बांध सकते हैं और यही महाप्रसाद बन्धु के बीच समस्त प्रकार की पारिवारिक सम्बन्ध बड़े ही सौहार्द्र पूर्ण ढंग से जीवन भर होता है और इस प्रकार यह महाप्रसाद समाज को एक सूत्र में पिरोने का भी कार्य करता है।

मंदिर में महाप्रसाद बनाने की परंपरा बहुत पुरानी है इसका प्रमाण 16वीं शताब्दी की पुस्तक "लक्ष्मी पुराण" में भी मिलता है। यहाँ सैकड़ों लोग कड़ी मेहनत करके महाप्रसाद बनाते हैं पर वे लोग स्वयं को असली रसोइया नहीं मानते महालक्ष्मी के सेवक मानते है क्योंकि मान्यता यह है कि यहाँ की रसोई स्वयं माता महालक्ष्मी की

देखरेख में ही बनती हैं। लोगों के अनुभव बताते हैं कि इसलिए जब भोगशाला से भोग को मंदिर लेजाया जाता है उसमे कोई विशेष बासना, सुगंध या खुशबू आदि नहीं होती है, परन्तु महाप्रसाद होने के पश्चात इसमें एक विशेष प्रकार के दिव्य स्वाद और सुगंध से भरपूर सुवासित होती है। इसलिए जब भगवान् रथयात्रा के समय श्रीमंदिर में नहीं होकर गुंडीचा मंदिर में होते हैं वहां के प्रसाद में वे स्वाद और सुगंध के गुण नहीं होते।

भोगशाला में प्रज्वलित अग्नि वैष्णवाग्नि माना जाता है जिसे कभी बाहर नहीं निकाला जाता एवं दिन और रात जलती रहती है। जब कभी वहां कार्यरत किसी सेवक की मृत्यु हो जाती है तभी उसमे से अग्नि ले जाकर उसका दाहसंस्कार किया जाता है क्योंकि उन्हेंभगवान के अन्तरंग एवं परिवार के सेवकों में माना जाता है। मंदिर के दक्षिण पश्चिम भाग में एक छोटा शिव मंदिर है जिसे अग्रेश्वरा महादेव कहते हैं और ऐसी मान्यता है कि वे उस पवित्र वैष्णवाग्नि के रक्षक हैं जो रसोई में सदैव प्रज्वलित रहती है।

रोषशाला

श्री जगन्नाथ मंदिर की रसोई दुनिया की सबसे बड़ी रसोई मानी जाती है यह विश्व की सबसे बड़ी और अद्भुत रसोई है। यहाँ प्रतिदिन 50 हजार लोगों के लिए महाप्रसाद बनता है। यहाँ भगवान् को प्रति दिन 6 वक्त भोग लगाया जाता है। 32 कमरों वाली इस विशाल रसोई में भगवान् को अर्पित किये जाने वाले महाप्रसाद का निर्माण किया जाता है। श्रीमंदिर में रंधनशाला (रसोईघर) या भोगशाला मंदिर के बाहर पूर्व-दक्षिण कोने में आवृत होकर है। जो की आग्रेय कोण है। यहाँ पर छोटे बड़े 700चूल्हे हैं, जिसमे 3 प्रकार के चूल्हे हैं 1.अन्ना चुल्ही 2.पीठा चुल्ही 3.टूना चुल्ही या अहिया। लगभग 500 रसोइये एवं 300 सहयोगी भोजन पकाते हैं। इस भोगशाला के प्रबंधन के लिए 4 प्रकार के सेवायत रहते हैंइन्हें तीन समूहों में विभाजित किये होते हैं। ये सभी पहले से ही भरपेट भोजन किये होते हैं ताकि पूरी क्षमता से महाप्रभु के लिए महाप्रसाद बना सकें। इनमे 500 कार्यकारी 'सुआरास' रसोइये होते हैं एवं उन्हें ही रसोई में प्रवेश करने एवं भोग बनाने की अनुमति होती है, 300 सहायक होते हैं इन्हें 'जोगनिया' कहा जाता है, इनका कार्य आग जलाये रखना, कुँए से पानी लाना, सभी पात्रों को साफ़ करना, धोना, उन सभीमेंकच्चे साग, सब्जियों, दाल चावल को भरने का कार्य होता है, 200 अन्यसहायक होते हैं जिन्हें 'तुनिया' कहा जाता है जो बाहर का कार्य करते हैं इन्हें रसोई में प्रवेश की अनुमति नहीं होती, इनका कार्य सभी कच्चे खाद्य पदार्थों साग, सब्जी, चावल, दाल आदि को धोना, काटना होता है इसके साथ ही नारियल चूरा करना, कूटने, पीसने का कार्य होता है; इसके अलावे एक और सेवायत होता है जिसे महासुवार कहते हैं, इनका कार्य भोगशाला से गर्भगृह में पके हुए भोग पदार्थों को कांवर से पहुँचाना होता है, ये सभी सेवायत महाप्रसाद बनाने से लेकर वितरित करने तक का प्रबंधन करते हैं इन सभी सेवायतों को कड़ी मेहनत और तपस्या करनी पड़ती है, रसोई के भीतर किसी प्रकार के गाने बजाने, बात करने, जोर से हंसने की भी अनुमति नहीं होती है। रसोई के पास ही दो कुँए हैं जिन्हें गंगा और यमुना कहा जाता है एवं भोग को इन्हीं कुओं के पानी से बनाया जाता है, रसोईघर में भोजन प्रसाद बनने की प्रक्रिया भी विशेष प्रकार की है। प्रसाद बनाने के लिए मिटटी के 7 बर्तन एक-दुसरे

के ऊपर रखे जाते हैं परन्तु आश्चर्य ये है कि सबसे ऊपर रखे बर्तन में रखे पकवान सबसे पहले पकता है और फिर नीचे की तरफ से एक के बाद एक प्रसाद बनता चला जाता है। भोजन प्रसाद बनाने के लिए पानी, चावल और ब्यंजन के लिए पानी सब्जियां आदी एक साथ काटकर बर्तनों को चूल्हों पर बैठाते हैं और इसमें मसाले इत्यादि सभी डाल देते हैं। प्रत्येक चूल्हे में दो पर्त होते हैं जिसमे प्रत्येक पर्त में लकड़ी दिया जाता है। इसमें किसी सब्जी के छिलके नहीं उतारे जाते और बने हुए किसी भी ब्यंजन में छोंक भी नहीं किया जाता है और ना ही किसी चम्मच या अन्य बर्तन से ब्यंजनों को मिलाया जाता है और ना ही बर्तन को चूल्हे में ढंका जाता है। डंका (नारियल के छिलके से बना) रस्सी की सहायता से हांडी को चूल्हे से उतारा जाता है। अन्न पक जाने के बाद मांड निकालने के लिए हांडी के नीचे भाग में छोटा छेद किया जाता है। यहाँ प्रतिदिन लगभग 72 क्विंटल चावल पकाने की ब्यवस्था है। एक साथ आठ लाख लड्डू बनाने के लिए जगन्नाथ मंदिर की रसोई का नाम गिनीज बुक में भी दर्ज हो चुका है।

पुरी श्री क्षेत्र में भोग साधारणतः दो प्रकार का होता है, एक 'संखुड़ी' जैसे चावल, दाल, सब्जी, आदी गीला पकाया हुआ प्रसाद और दूसरा 'सूखिला' जैसे लड्डू, फेनी, छेना, पीठा, आदी तथा एक और "निर्माल्य" होता है जो सुखा चावल होता है। भगवान् जगन्नाथ के लिए मुख्य महाप्रसाद में अन्न प्रसाद का उपयोग अवश्य होता है, जिसके बनने से लेकर भगवान् के भोग लगने और आम लोगों तक पहुँचने तक उसके विभिन्न नाम से उच्चारित होते हैं;जैसे 1. जो चावल भगवान् के भोग हेतु रसोई में आता है उसे "अमुन्या" कहते हैं; 2. पके हुए चावल को "अन्न" कहते हैं;3. जब रसोई से निकल कर मंदिर को जाता है वह "चेका" कहा जाता है;4.जब यह बना हुआ चावल गर्भ गृह में भगवान् के सामने स्थित भैरवी चक्र में रखा जाता है तो इसे "भोग" कहते हैं; 5.इस भोग को महाप्रभु को अर्पित करने पर वह "नैवेद्य" कहलाता है; 6.यह नैवेद्य विमला देवी को अर्पित करने के बाद ही "महाप्रसाद" कहलाता है;7.जब इस महाप्रसाद को पञ्च परमेश्वर को अर्पित किया जाता है तो "कैवल्य" कहलाता है;8.जब यह कैवल्य लोगों को दिया जाता है तो "अभडा" कहलाता है;9. इस अभडा को सुखाकर उपयोग किया जाता है तो यह "निर्माल्य" कहलाता है।

निर्मल्य

महाप्रसाद के बर्तन

भोग बनाने मिटटी के बर्तनों का ही उपयोग होता है जिन्हें परंपरागत रूप से कुम्हारों द्वारा ही बनाया जाता है और वे प्रतिदिन प्रातः नए बर्तन मंदिर को पहुंचाते रहते हैं क्योंकि भगवान् को 6 वक्त भोग लगता है और सभी नए बर्तनों में ही बनते हैं, इस प्रकार वे भगवान् की सेवा में निमग्न रहते हुए अपना कार्य कर जीवनयापन करते हैं, इसलिए माना जाता है की वे लोग भगवान् के दर्शन कभी नहीं कर पाते क्योंकि भगवान् की इस सेवा को करने में ही उनका जीवन समय निकल जाता है। अन्न, महाप्रसाद का पर्यायवाची शब्दहै "अभडा" एवं उड़िया भाषा में परोसना को बाढ़ना कहते हैं अर्थात महाप्रसाद को परोसा नहीं जाता है महाप्रसाद को परोसकर नहीं बल्की 'कुडुआ' (मिटटी के बर्तन) में ही सेवन किया जाता है। श्री महाप्रसाद में जातिभेद नहीं है। किसी के भी जूठे महाप्रसाद को कोई भी ग्रहण कर सकता है, इसमें किसी भी प्रकार का दोष नहीं लगता है स्पर्श दोष तो दूर की बात है, उसी प्रकार जूठे बर्तन में भी कोई दोष नहीं है अर्थात किसी भी ब्यक्ति के जूठे बर्तन में अन्य कोई भी भोजन कर सकता है। श्री महाप्रसाद जी महिमा का वर्णन भागवत, पद्म्, स्कन्द आदी सभी पुराणों में वर्णन किया गया है। महाप्रभु के इस मंदिर की यह कितनी बड़ी बात है की भगवान् इससे मनुष्य को छुआछुत, जातिभेदभाव को भी दूर करने का सन्देश दे रहे हैं। मंदिर में महाप्रसादमिटटी के हांडी में ही पकाया जाता है जिसके परिमाण (मात्रा) के अनुसार तथा अन्य एतिहासिक कारणों से मिटटी के बर्तनों का नामकरण है, जैसे –बाईहांडी, समाधीहांडी, हासियाहांडी, एमारहांडी या कुडूआ, बड मठ कुडूआ, सान मठ कुडुआ, सेरिकिया कुडुआ, ढला कुडुआ, भात कुडुआ, पिठा ताड़, चक कुडुआ अंगवास ओलि, पखाल ओलि, पाआकिया ओलि, मुगओलि, बड सरा, सान सरा, अधर हांड़ी आदी। मिटटी के बर्तन में पकाने के वैज्ञानिक कारण भी हैं। मिटटी के अन्दर मौजूद 18 प्रकार के सूक्ष्म पोषक तत्व भोजन को स्वादिष्ट और पोषक बनाती है। मिटटी के बर्तनों में जो भोजन पकता है उसमे पोषक तत्वों की कमी नहीं होती, इसमें भोजन धीरे धीरे पकता है गलता नहीं जिससे वह पूर्ण रूप से पकता है। महर्षि वाग्भट जी, के अनुसार भोजन को पकाते समय उसे सूर्य का प्रकाश और हवा का स्पर्श मिलना चाहिए। आयुर्वेद के

अनुसार भी जो भोजन धीरे धीरे पकता है वह भोजन सबसे अधिक पौष्टिक होता है। अन्य बर्तनों की अपेक्षा मिट्टी के बर्तन में खाना जल्दी से ठंडा नहीं होता क्योंकि मिट्टी अधिक समय तक गर्म रहती है व अन्दर का तापमान भी जल्दी से नीचे नहीं गिरता। इसलिए इसे पुनः गर्म करने की आवश्यकता नहीं होती जिससे इसके पौष्टिक तत्व बने रहते हैं। मिट्टी की यह विशेषता है कि वह पानी को सोखती है। इसमें जब भोजन पकता है तो यह नमी को सोखती है और पुनः भोजन को वापस कर देती है, क्योंकि मिट्टी के बर्तनों में सूक्ष्म छिद्र होते है जिनसे यह नमी निकलती और जमा होती है। यह क्रिया जल की भाप व बाहर की वायु से होती है, इस प्रकार भोजन अपने ही नमी से पकता है, इसलिए यह भोजन सुगन्धित भी बनता है।

कुम्हारों द्वारा प्रतिदिन भोग हेतु मिट्टी के बर्तनों को बनाकर मंदिर में पहुँचाना

महाप्रसाद निर्माण नीति

जगन्नाथ मंदिर की रसोई में तैयार किया गया सम्पूर्ण भोग पूर्णतया सात्विक होता है। चार प्रकार से भोग तैयार होते हैं जिसमे भीमपाक, नालपाक, सौरीपाकएवं गौरिपाक होते हैं। भीमपाक में बड़तीयाना, गुड खुअरा, पकाल नडिया रसा, पुरपिठा, बिरिपिठा, एवं गुड कांजी आते हैं;नलापका में सकरा, तियांलपरा, अदंगा और विभिन्न प्रकार के मीठे पेय आते हैं;सौरीपाकमें महुरा, देसी आलूभाजा, कदली भजा, अदा पचेडी, घीय लबंगा एवं विभिन्न प्रकार के पीठा आते है, गौरिपका विधि में मूगतियाना, लौटिया और कुशला साग, मधुरा ललीता साग आदि पकाया जाता है। मीठे ब्यंजन तैयार करने के लिए यहाँ चीनी के स्थान पर गुड का प्रयोग होता है एवं तेल के स्थान पर शुद्ध घी का उपयोग किया जाता है। यहाँ दूध, दही, मक्खन, घी, मेवे और नारियल का भरपूर उपयोग होता है। भोग के निर्माण में प्याज और लहसुन आदी का उपयोग नहीं होता। श्री मंदिर के अन्दर कितने ऐसे फल और सब्जी हैं, जिनका किसी भी भोग में उपयोग नहीं होता है जैसे-पपीता, आलू, सजना छुई (एक प्रकार का साग और फल), करेला, टमाटर, भिन्डी, लौकी, गोभी, गाजर, चुकंदर, हरा मटर, मुशरूम, मुनगा, शिमला मिर्च आदी क्योंकि इन्हें देशी सब्जियां नहीं मानी जाती। केवल केला, परवल, कटहल, देसी आलू, मूली, शकरकंद, बड़ा अरबी, कद्दू आदी उपयोग किये जाते हैं। साग में कोशला और लेउटिया साग (हरे और लाल पत्ते वाले) को छोड़कर अन्य सभी साग का भोग में उपयोग नहीं होता है। केवल कार्तिक माह में अगस्ती साग का भोग अवश्य लगता है। उसी प्रकार उसना चावल, साबूदाना, पालुआ आदी कितने अनाज निषिद्ध हैं और उड़द, मूंग, अरहर, चना, जौ, इमली, आदी का भोग में उपयोग होता है। यहाँ किसी भी सब्जी को बनाते समय छिलके नहीं उतारे जाते, जैसे कद्दू, परवल, सेम, देशी आलू (ख्भालू), जिमी कंद, कुम्हड़ा, तोरईआदि सभी छिलके सहित पकाए जाते हैं, मसालों में हींग, अदरक, आम अदरक, धनिया, लौंग, इलैचा, जायफल, दालचीनी, कालीमिर्च, तेजपत्ता, खाने वाला कर्पूर आदि का उपयोग होता है, हरे मिर्च का प्रयोग नहीं होता तथा यहाँ भोजन पकाते समय सभी प्रकार की सामग्रियों को एक बार चूल्हे

में चढाने के उपरान्त इन्हें मिलाने किसी चम्मच या झारे का भी उपयोग नहीं किया जाता है, वे स्वमेव ही पकते हैं।

श्री जगन्नाथ जी के भोग को बनाने के लिए अधिकृत सुआर जनजाति (शबर आदिवासी जाति) के अतिरिक्त अन्य कोई भी रसोईघर में भगवान् के भोग को नहीं बना सकता है। यह भी मानव समाज के लिए समानता का अनुपम उदाहरण है। इस रसोईघर के बाहर में बनाए गए कोई भी पदार्थ जगन्नाथ जी को भोग नहीं लगता है सिर्फ जब भगवान् मंदिर के बाहर रथयात्रा में निकलते हैं उसी दिन रसोईघर से बाहर बनाए गए स्थानों से सिर्फ सूखा भोग लगाया जाता है। इसलिए कई लोग जो प्रतिदिन सिर्फ महाप्रसाद ग्रहण करते है वे अनवसर और गुण्डिचा मंदिर का प्रसाद ग्रहण नहीं करते कारण वह प्रसाद विमला देवी को समर्पित नहीं हुआ रहता है। रसोईघर में प्रतिदिन लाखों लोगों के लिए भोग बनता है, इस रसोईघर को राजा दिव्यसिंह देव ने निर्माण कराया था।

महाप्रसाद बनाने की प्रक्रिया

महाप्रसाद भोग लगने के पश्चात मंदिर के उत्तर पूर्व में स्थित आनंद बाजार में ले जाया जाता है जहाँ से सभी महाप्रासाद को क्रय कर ग्रहण करते हैं। यह दुनिया का सबसे बड़ा रोषशाला है जहाँ सभी जाति, वर्ण, वर्ग भेद को भुलाकर महाप्रभु के दर्शन के आनंद में महाप्रसाद को ग्रहण करते हैं। पुरी के कई लोग इसी महाप्रसाद पर ही निर्भर रहते हैं और अपने सभी विवाह आदि भोज में इसी प्रसाद कोमेहमानों को देते हैं।

श्री मंदिर में दैनिक नीति एवं विधि

श्री जगन्नाथ मंदिर में जो पूजा विधि अपनाई जाती है उसे **"नीति"** कहा जाता है क्योंकि उनमे विधान की अपेक्षा नियमानुवर्तिता अधिक गुरुत्वपूर्ण है।

1. द्वार खोलना और मंगल आरती:- प्रातः भगवान् को हरि बोल से संबोधित करते हुए द्वार खोलते हैं और मंगल आरती साधारणतः प्रत्येक दिन प्रातः पांच बजे होने का नियम है। केवल आश्विन शुक्ल एकादशी से लेकर कार्तिक पूर्णिमा तक, धनु संक्रान्ति से लेकर मकर संक्रांति और विशेष उत्सव के दिन तथा नैमितिक दिनों में रात्रि के अंतिम प्रहर से पहले यह नीति शुरू हो जाती है। पहले कर्पूर आरती और बाद मेंगीले पीसे हुए चावल के साथ इक्कीस घी बत्ती की आरती होती है।

2. मईलम और पूर्व रात्रि वेश निकालने का कार्य सुबह 6बजे होती है। इस नीति में पूर्व रात्रि के वेश, फूल आदी निकाल दिया जाता है और नित्यकर्म के लिए अन्य वस्त्र और धोती पहनायी जाती है।

3. मुख शुद्धि हेतु दंतमंजन और तत्पश्चात स्नान विधि, प्रातः 6 से 6.30 बजे का है। दंतमंजन क्रिया में महाप्रभु के दांत और जीभ साफ़ करते हैं। कर्पूर, दही, चन्दन और आंवला मिश्रित पानी को तीनो देवताओं के सम्मुख रखा हुआ तीन दर्पण (आईना) के ऊपर अर्थात देवताओं के प्रतिबिम्ब के ऊपर डालने की क्रिया को ही उनकी स्नान विधि कहते हैं।

4. मईलम – प्रातः 6.45 को फिर से मईलम लगाकर वस्त्र बदला जाता है फिर ज्योतिष आकर महाप्रभु को उस दिन का नक्षत्र स्थिति सुनाते हैं।

5. वेशलागी–सुबह 8.00-8.30 बजे यह नीति होती है जिसमे भगवान् को वेशभूषा से अलंकृत करते हैं।

6. रसोई हवन – इसी वेशभूषा प्रक्रिया के समय में रसोईघर में कोठ चूल्हा के निकट रसोईहवन होता है, इसी हवन के पश्चात उसी पवित्र अग्नि से श्री जगन्नाथजी का भोग तैयार होता है।

7. सूर्यपूजा–यह पूजा सुबह 8.00-8.45 बजे के बीच होता है। यह सूर्य यंत्र मंदिर में होता है।

8. द्वार पाल पूजा – सुबह 8.15-9.00 बजे के बीच द्वार पाल जय–विजय की पूजा होती है।

9. गोपाल वल्लभ भोग – सुबह 9.00 बजे यह पूजा होती है। इस भोग में खीर (जो पकाया गया है) नारियल लड्डू, पका केला, खोया से बना पेठा, दही मक्खन, नारियल कटा हुआ, और कच्चा नारियल भोग लगाने की विधि है।

10. सुबह पूजा – यह पूजा 10.00 बजे होती है। वल्लभ भोग के पश्चात श्री देवताओं की पूजा होती है। इसमें भगवान् को कनिका, ताता खिचड़ी, लुखुरा खिचड़ी, मेंढा मुंडिया, बड कान्ति, सान कान्ति, मथा पूली, हंस पूली, पीठा पूली, झीली (जलेबी), अदा पचेड़ी, साग और भाजी आदी का भोग लगाया जाता है। इससे पहले बलभद्र से लेकर सुदर्शन तक सामने चीता (चावल पीसा हुआ) चित्रक डालकर चार घेरा काटा जाता है और भोग पदार्थ को इस घेरा या सीमा के अन्दर रहने से इसको प्रसाद के रूप में मान्यता दी जाती है। श्री जगन्नाथ जी के दिवार के एक कोने में महालक्ष्मी जी को भोग परोसा जाता है। पूजा के समय में घंटा और अन्य वाद्य यंत्रों को बजाया जाता है। भोग के बाद द्वार खोल दिया जाता है और बिडिया पान का भोग लगता है। उसके पश्चात कर्पूर आरती और इक्कीस घी की बत्ती की आरती होती है। इस प्रकार सुबह की नीति समाप्त होती है।

11. मईलम और भोग मंडप –इसका समय सुबह 11.00 बजे होता है, यह भोग भोगमंडप के ऊपर होता है। पहले देवताओं कोनया वस्त्र पहनाते हैं। उसके बाद भोग मंडप के ऊपर परोसा गया अन्न ब्यंजन आदी को समर्पण किया जाता है। यह मठ के सूआर जनजाति और अन्य लोगों के कहने पर लगाया जाता है।

12. दोपहर पूजा–इसका निर्धारित समय दिन 12.30 से 1.00 बजे तक है। इसमें भी पहले सोलह उपचार विधि से पूजा होती है पश्चात भोग लगता है। इस समय भोग में मरीच लड्डू, पिष्टक, बड़ा, आरीषा, पखाल, बड़म्बा, पाट मनोहर, मठ पूली, तिपूरी, साकरा, सूजी की खीर, मूंग पका हुआ, शरबत (मीठा सुगन्धित पानी), आदी लगायाजाता है।

13. दोपहर पहुड पूजा–दोपहर 1.00 से 1.30 बजे मईलम वेश होता है इसके बाद आरती होती है और बिडिया पान देते हैं। पश्चात द्वार बंद हो जाता है।

14. संध्या आरती – इसका समय संध्या 6.00 बजे होता है। इसमें प्रार्थना कर द्वार खोल दिया जाता है, पश्चात कर्पूर आरती और इक्कीस घी बत्ती की आरती होती है। आरती पश्चात मईलम होकर रेशम वस्त्र पहनाकर वेश किया जाता है।

15. संध्या पूजा – रात 8.00 से 8.30 बजे तक होती है, दोपहर पूजा की तरह हि संध्या पूजा नीति होती है। इस पूजा के बाद कर्पूर आरती, इक्कीस बत्ती आरती और पिठाऊ आरती के अतिरिक्त दो जय मंगल आरती होती है।

16. मईलम –यह रात 10.00 बजे होता है, सभी देवता रेशमी कपडे पहनते हैं और श्री अंग में कर्पूर, केशर, कस्तूरी का लेप लगाते हैं इसी समय बिडिया पान भी भोग लगाते हैं।

17. बड सिंगार (वेश)–इस वेश में रेशमी वस्त्रों के साथ फूलों से बने करपल्लव, चन्द्रिका, कुंड, नथनी इत्यादि अलंकार लगाते हैं।

18. बड सिंगार (भोग)–इसका समय रात्रि 11-11.15 तक है। इस भोग में चित्रक नहीं काटा जाता है पञ्च उपचार से पूजा होती है, पूजा के बाद धूप दीप देने के बाद दरवाजा बंद होता है, इस पूजा में केला बड़ा, खीर, पिष्टक, सांकरा और कांजी भोग होता है।

19. पहुड (सोने के लिए दरवाजा बंद करना)–यह रात 11.45 से 12.00 बजे का समय है। इसमें रत्नपलंग देवताओं के सामने रखा जाता है, शयन देवताओं को चन्दन लगाया जाता है। चारों देवताओं के पास कञ्चा नारियल तथा पान का

समर्पण किया जाता है। उसके बाद कर्पूर आरती होती है। पश्चात मंदिर शोध होता है अर्थात रात्री में मंदिर के अन्दर कोई नहीं रहता है और मंदिर में ताला लगा दिया जाता है।

विशेष पर्वों के समय नीति एवं भोग

1. स्नान यात्रा भोग– यह यात्रा ज्येष्ठ पूर्णिमा तिथि में स्नान मंडप में अनुष्ठित होता है। सुबह के भोग में घी में पकाया चावल, आरिषा, कान्ति, पिष्टक, पूली, मनोहर, चड़ाई नडा, काकरा, अमालू, लड्डू, खील, खीर, धोया मूंग, पका कटहल, केला, आदी लगता है। सूआर सेवक ही अन्न ब्यंजन पकाकर भोग लगवाते हैं।

2. अनवसर–स्नान पूर्णिमा से लेकर आषाढ़ अमावस्या तक देवतागण "अनवसर घर" में रहते हैं अर्थात देवतागण उस समय ज्वर में रहते हैं एवं तीनो देवताओं को श्वेत वस्त्र पहनाकर पंचकर्म चिकित्सा दी जाती है। यह सेवा दिन में दो बार दी जाती है, जिसमेपंचमी के दिन फूलारी लगाते हैं। यह फुलारी तेल शरीर के तापक्रम को कम करने के लिए दी जाती है, इसे सूवार जाति के लोग बनाते हैं जिसे बनाने में इसी जाति की महिला सदस्य भी शामिल होते हैं। यह तेल लगभग 4 किलो का बनता है जिसमे शुद्ध तिल का तेल मुख्यतः रहता है एवं बेना (खस) की जड़ एवं विभिन्न सुगंधित फूल जैसे जूही (जैस्मिन), जय (गोमफेरना), और मली (वाइट टुलिप या मोगरा) उपयोग किया जाता है। ये सभी पदार्थ तेल सहित एक मिटटी के बर्तन में सील बंद कर जमीन के अन्दर हेरा पंचमी से अनवसरएक वर्ष तक रखते हैं, इससे तेल निकालने के बाद इसे मंदिर को भेजा जाता है जिसे दैतापति द्वारा देवताओं को लगाया जाता है। इस ओसुआ नीति से बुखार उतर जाता है।

महाप्रभु के अनवसर समय में लगाने के लिए पवित्र तेल का निर्माण

इसके बाद सुवार लोगों द्वारा एक विशेष भोग बनाया जाता है जो कि गेहू, आटा, कर्पूर, एवं चन्दन द्वारा, इस नीति को शालिसास्थिका पिंडा "स्वेदाना" कहते हैं जिसे देवताओं को अर्पित किया जाता है। फिर वैद्य द्वारा एक विशेष आयुर्वेदिक औषधि "दसमुला" दी जाती है। इस औषधि को कई। आयुर्वेदिक जड़ी-बूटियों द्वारा बनाया जाता है जिसमे है बेल (इगल मार्मिलोस), गम्हारी (मेलैना अर्बोरिया), फनफना (ओरोजाइलम इंडीकम), अगाबथु (प्रेमनाइंटीग्रीफोलिया), कृष्णपर्णी (यूरेरिया पिक्टा/ लोगो पोइड्स), शालपर्णी (डेस्मोडियम गेंगेटीकम), अन्क्रान्ति (सोलेनम जेंथोकार्पम), पातेली (स्टीरिओस्पर्मम चिनोइड्स), लाबिन्नाकोली (सोलेनम इंडिकम)। इसमें इन जड़ी बूटियों की छाल और जड़ को कूटकर और पीसकर इसमें शहद, घी और कर्पूर मिलाकर गर्म कर छोटी छोटी गोलियां बनाई जाति हैं। उस समय अन्य दशावतार देवताओं और अन्य देवियों की नीति और भोग लगता रहता है।

महाप्रभु के अनसर समय में खिलाने औषधि निर्माण प्रक्रिया

इनकी दोपहर पूजा समाप्त होने के बाद अन्दर जगन्नाथ जी सभीदेवताओं की नीति मेंशुक्ल पुष्प लगाकर शरबत भोग आता है। दशावतार देवताओं की रात को बड श्रृंगार भोग होने के बाद अनवसर देवताओं को खीर (बर्फी दूध), क्रीम (सारा), छेना, लाई, नारियल, धोया मूंग, पका कटहल आदी मिलाकर भोग लगाया जाता है, पंचमी के दिन 'फूलारी' लगाते हैं। दशमी के दिन देवता गण चका (ऊँचा स्थान) में आते हैं।

भगवान् अलारनाथ एवं खीर भोग

अनवसर के समय अलारनाथ में चतुर्भुज भगवान् विष्णु की पूजा की जाती है। यह स्थान पुरी से 25 किलोमीटर दूर ब्रम्हगीरी पर्वत पर है, यहाँ ब्रम्हा जी ने भगवान् विष्णु के चतुर्भुज रूप की पूजा की थी इसलिए इसे ब्रम्हगीरी पर्वत कहा जाता है एवं

इस मंदिर को राजस्थान के अलवर के राजा द्वारा बनाया गया था इसलिए इसे अलवर नाथ या अलारनाथ कहा जाता है एवं यहाँ खीर का प्रसाद लगता है।

भगवान् अलारनाथ

नवयौवन दर्शन

अनवसर एकादशी के दिन सभी देवता गण चन्दन लगाते हैं, श्री जगन्नाथजी का नवयौवन दर्शन होता है एवं प्रतिपदा के दिन चन्दन लगाकर, आरती, अक्षत, वंदना के बाद तीन पतली लकड़ी की सहायता से काला रंग श्रीनेत्र लगाया जाता है, इसे 'नेत्रोत्सव' कहते है।

3. रथयात्रा –नेत्रोत्सव के दुसरे दिन अर्थात आषाढ़ महीने के शुक्ल पक्ष द्वितीया के दिन श्री महाप्रभु का रथयात्रा होता है। इसकेलिए अक्षय तृतीया के दिन से रथ निर्माण प्रक्रिया प्रारंभ हो जाती है। रथयात्रा के दिन रात्री के अंतिम प्रहर से दैनिक नीति शुरू होती है। इस दिन खिचड़ी, पिष्टक और गुठली का भोग होता है। रथ गुण्डिचा रास्ते में पहुँचने पर महास्नान होता है दोपहर पूजा से लेकर सभी दैनिक नीतियाँ होती हैं, किन्तु सुखा भोग लगाया जाता है। संध्यातक देवतागण गुण्डिचा मंदिर तक ले जाते हैं।

श्री मंदिरगुण्डिचा मंदिर

जहाँ चन्दन लगाना, आरती अक्षत वन्दना, बिडिया पान दिया जाता है। श्री गुण्डिचा से बाहुडा यात्रा तक भोग मंडप में दैनिक महास्नान, सर्वांग और नया वस्त्र पहनते हैं। हेरापंचमी के दिन माता लक्ष्मी गुण्डिचा घर जाते हैं और नाराज होकर रथ को तोड़कर श्रीमंदिर आ जाते हैं। नवमी के दिन ब्राम्हण भोजन आदी कराते हैं। दशमी के दिन नित्य दैनिक नीति होती है और खिचड़ी का भोग लगता है। वापसी के समय में मौशी मां मंदिर के पास छेना पोढ़पीठा का भोग होता है। अगले दिन एकादशी को भगवान् का राजकीय वेश में स्वर्ण श्रृंगार होता है और अधर्पना का भोग होता है, जो कि अशरीर आत्माओं की तृप्ति के लिए होता है और फिर उन हांडीयोंको फोड़ दिया जाता है क्योंकि वह प्रसाद किसी अन्य के ग्रहण करने योग्य नहीं होता है। द्वादशी के दिन श्रीजगन्नाथ जी बलभद्र और सुभद्रा जी के साथ मंदिर प्रवेश के समय, लक्ष्मी जी के साथ झगडा होता है और लक्ष्मी जी को मनाने हेतु रसगुल्ले का भोग लगता है। उसके पश्चात श्री जगन्नाथजी चतुर्थी मूर्ति रत्न सिंहासन को जाते है और इस प्रकार निलाद्री बिजय पूर्ण होता है।

रसगुल्ले का भोग

4. पहली भोग (प्रथम भोग)– धनु संक्रान्ति से लेकर मकर संक्रान्ति तक बल्लभ भोग के साथ "पहली भोग" होता है बल्लभ भोग के साथ उडद डाल और गेहूं को घी में पकाया हुआ पिष्टक पंचोपचार से पूजा की जाती है इस पहली भोग में जनवरी माह (धनु संक्रांति से मकर संक्रांति तक) में "पहली भोग" के साथ ही "गोपाल वल्लभ" भोग लगाया जाता है। यह सुबह जल्दी लगाया जाता है। इसमें एक स्वादिष्ट पतला खिचड़ी बनाया जाता है। ऐसी मान्यता है कि इस समय महालक्ष्मी अपने पिता के यहाँ गयी होती है अतः भगवान् की माता यशोदाजी के द्वारा अपने बाल कृष्ण के लिए यह बनाया जाता है। इसमें इसके अलावा गोपाल वल्लभ भोग में झिल्ली, बड़ा कांकरा, अमालू, आरिषा, चडाईनडा, मुगेई, चुडापुआ, खैर चूल, पिष्टक आदी भोग लगाया जाता है। धनु महीने में खीर और चीनी से भी भोग होता है।

छप्पन भोग और महाप्रसाद एवं बनाने की विधि

प्रत्येक दिन के भोग का प्रारंभ गोपालवल्लभ से शुरू करके बडश्रृंगारतक विभिन्न पूजा में श्रीविग्रह गण को जो भोग लगता है, वह दैनिक नीति और विभिन्न पर्व नीति में भिन्न भिन्न भी होता रहता है। श्री जगन्नाथ महाप्रभु अष्टाक्षरि, दशाक्षरि, अष्टादशाक्षरि मन्त्रों से क्रम में प्रभात, अपरान्ह और संध्या के समय पूजित होते हैं। प्रभात में महाप्रभु को द्विभुज, गोपनिवासी बालगोपाल के रूप में, मध्यान्ह के समय गोपी और गभियों के मध्यभाग में वृन्दावन विहारी और कल्पवृक्ष तले बंशीधारी नवयुवा द्विभुज श्री कृष्ण के रूप में, संध्या काल में द्वारकाधिपति, पुष्पवाटिका मंडप पर विराजित चतुर्भुज श्री कृष्ण के रूप में तथा रात्रि में भागवत पुराण वर्णित वही चतुर्भुज रासक्रीडारत द्वारकाधिपति के रूप में अभ्यर्थित होते हैं। अतः भोग के प्रकार का क्रम भी उसी अनुसार होता है।

श्री जगन्नाथजी का छप्पन भोग अत्यंत प्रसिद्ध है। इसमें कितने प्रकार के भोग में अनेक प्रकार के भेद हैं;उदाहरण के लिए लड्डू, नड़ीया लड्डू, (नारियल लड्डू), मगज लड्डू(आटा से बना), मरीच लड्डू (आटा से बना), और श्री गोपाल लड्डू इसमें चार प्रकार के हैं। उसी प्रकार खिचड़ी, कनिका खिचड़ी, नुखुरा खिचड़ी, अंगवास खिचड़ी, ओली खिचड़ी, सान ओउली खिचड़ी, और कर्माबाई खिचड़ी छःप्रकार के है। इन सब प्रकार के भोगोंको गिनने से 56 प्रकार के भोग 156 प्रकार के भोग में परिणित होते हैं। अवश्य इतने प्रकार के भोग श्री मंदिर में नहीं लगते हैं फिर भी विशेष पर्व त्योहारों के अनुसार जो भोग लगना है उसे तैयार किया जाता है।

पहली भोग

1.   **उखुडा** (शक्कर या गुड़ युक्त लाई):-

सामग्री:- लाई, गुड़, अजवाइन, घी, नारियल के टुकड़े, पानी।

विधि:- एक गंज में एक चौथाई पानी गरम कर गुड़ को डाला जाता है;मध्यम आंच में हिलाते हुए एक भूरा सिरप तैयार किया जाता है;इसमें भुने हुए लाई, अंजवाइन और नारियल के टुकड़ो को डाला जाता है और इसे एक समान मिलाकर आंच को बंद कर दिया जाता है;फिर इसे किसी थाली में फैलाकर इसे सामान्य तापक्रम पर रखा जाता है।

उखुडा

2. नड़िया लड्डू (नारियल का लड्डू):-

सामग्री:- नारियल (कद्दूकस किया हुआ) 1 कप, चीनी ½ कप, दूध ½ लिटर और 3 कप, इलाइची पाउडर ½ चम्मच।

विधि:- इसकेलिए एक कढ़ाई में दूध और घिसाहुआ नारियल मिला कर उबाल लें और और उबाल आने के बाद आंच धीमी कर दें और बीच बीच में चलाते रहें ताकि जले नहीं, जब तक यह गाढ़ा ना हो जाये इसे धीमी आंच पर रखें। जब दूध और नारियल का गाढ़ा मिश्रण तैयार हो जाये तब इसमें चीनी मिला दें। इसी वक्त इसमें इलाइची पाउडर भी मिला दें। चीनी पिघलने पर यह पतला हो जाता है, इसे पुनः धीमी आंच पर चलाते हुए गाढ़ा करना है जब तक खोये जैसा ना हो जाये। इस मिश्रण को गोल-गोल कर लड्डू बनाया जा सकता है एवं ऊपर से नारियल का चूरा और लपेटा जा सकता है।

नारियल लड्डू

3. बड़ी रसा:-

सामग्री:- उड़द दाल 500 ग्राम, घी 500 ग्राम, अदरक 100 ग्राम, हींग 5 ग्राम, मसाला – जीरा 15 ग्राम, चीनी 50 ग्राम, नारियल 1, लौंग, ग्ल्मारीच 10 ग्राम, अदरक 15 ग्राम, घी 100 ग्राम, इलाईचा 5 ग्राम, दालचीनी 15 ग्राम।

विधि:- पहले उड़द को पीस करउसमे नमक, अदरक, हींग, डालकर अच्छे से मिलाते हैं फिर इसे घी में छान कर अलग निकाल लेते हैं। एक मिट्टी के बर्तन को

चूल्हे में चढाते हैं और उसमे नारियल बड़ा (नारियल की बड़ी), मसाले पीसे हुये, कुछ पानी, नमक, हल्दी, जीरा, दालचीनी, इलाइचा, लौंग, कूटकर भी डाल देते हैं और इसे पकाते हैं, कुछ समय के पकने के पश्चात कुछ चीनी या गुड डालते हैं, 5 मिनट पश्चात इसमें छाने हुए बड़ी को डालते हैंऔर कुछ देर पकाते हैं। बड़ी रसा तैयार है।

बड़ी रसा

4. मूलीरायता:-

सामग्री:-मूली ½किलोग्राम, दही 400 ग्राम, खोआ 50 ग्राम, चीनी 100 ग्राम, सेव (बेसन का) 100 ग्राम, नमक, अंगूर 100 ग्राम, अनार 100 ग्राम, धनिया पत्र, अदरक, आम अदरक, या हरा आम।

विधि:- सर्वप्रथम मूली को अत्यंत बारीक छील लेते हैं और इसे पानी में रखते हैं। एक मिटटी के बर्तन में दही, चीनी, भूने जीरे, छिले हुए आम या आम अदरक के टुकड़े,

अदरक के टुकड़े, नमक, खोवा, अंगूर, अनार के दाने, संतरे, धनिया पत्ते, आदि सभी को डालकर, इसमेंछीले हुए मुली को दबाते हुए डालकर अच्छी तरहमिलाते हैं और ऊपर से सेव (बेसन के), भूने जीरे, धनिया पत्तीको डाल देते हैं।

मूला रायता

5. छेना ताड़ीया:-

सामग्री:- छेना ½ किलोग्राम, घी 500 ग्राम, मैदा 150 ग्राम, चीनी, गुड 150 ग्राम, इलाइची लौंग 10 ग्राम, केला पत्र।

विधि:- पहले छेना को अच्छे से मसलकर रख लेते हैं इसमें गाँठ न हो पश्चात इसमें मैदा को डाल कर इसमें इलाइची, लौंग, गुड मसल कर अच्छीतरहमिलाते हैं। इसे गोल गोल कर केले के पत्ते में रख कर दबाते हैं, इस चपटे आकार के छेनेको घी में छान लेते हैं और इसे बाहर निकलकर गुड या चीनी के चासनीमें डालते है। छेनाताड़ीयातैयार है।

छेना ताड़ीया

6. कनिका:- मीठा भात

सामग्री:- अरवा चावल, लौंग, तेज पत्ता, दालचीनी, नमक, हल्दी पाउडर, घी, चीनी, नारियल पिसा, इलाइची पाउडर।

विधि:- चावल को धोकर पानी में भिगोकर 20 मिनट रख ¼ चम्मच हल्दी इसमें डालकर मिला ले। एक गंज में घी, काजू, किसमिस डालकर तल लें, इसमें लौंग, तेजपत्ता, दालचीनीडाल कर फिर तल लें, इसमें भिगोये हुए चावल को डाल दें, एवं नारियल के टुकड़ों को डाल दें, फिर इसे अच्छी तरह भून लें, इसमें दुगनी मात्रा में पानी डालकर धीमी आंच में पकने दे। फिर इसमें चीनी और सूखे मेवे मिला लें।

कनिका

7. खिचड़ी:-

सूखा खिचड़ी:-

सामग्री:- चावल, साबूत हरे मूंग की दाल, अदरक पीसा हुआ, तेज पत्ता, घी, गोल मरीच, जीरा, हींग, चीनी या गुड़, नारियल के टुकड़े, नमक, पानी।

विधि:- गंज में घी डाल गरम करें, इसमें तेजपत्ता, पीसा अदरक, जीरा, गोल मरीच डाल कर 20-30 सेकेंड तक मिला लें अब इसमें भिगोये चावल और मूंग दाल को डाल दें, 1-2 मिनट तक हिलाएं, इसमें नमक, चीनी, हींग, नारियल के टुकड़े डाल कर मिला लें और इसमें पानी मिला कर मिश्रण तैयार कर लें, कुछ देर के पानी सुख जाने के बाद उतार लें। इसमें चावल और दाल का अनुपात 2:1 होगा, पानी चावल से दुगना होगा।

खिचड़ी

नुखुरा खिचड़ी:-

सामग्री:- ½ किग्रा चावल, हींग 5 ग्राम, छिलका वाला टुकड़ा मूंग, नमक, अदरक 15ग्राम।

विधि:- पहले अदरक को पीसकर उसका रस निकाल लेते हैं और हींग को पानी में घोल कर रख लिए रहते हैं। उसके बाद चावल और मूंग को धो कर उसमे पानी मिलाकर गर्म करते है, कुछ समय बाद इसमें नमक डाल नीचे उतार कर इसमें अदरक का रस और हींग के पानी को डालते हैं, नुखुरा खिचड़ी तैयार है।

नवग्रह खिचड़ी:-

सामग्री:- चावल ½ किग्रा, घी 150 ग्राम, छिलका वाला मूंग, अदरक, सोला 50 ग्राम, नारियल -1, उड़द 50 ग्राम, नमक, हल्दी, हींग

विधि:- पहले चावल, मूंग, सोला, उड़द, सभी को अच्छे से धोकर, मिटटी के बर्तन में डालकर पानी डाल गर्म करते हैं। कुछ समय बाद इसमें नमक, हल्दी, अदरक, नारियल कसा हुआ .डालें। पकने के पश्चात इसे उतारकर इसमें ऊपर से घी डालें। नवग्रह खिचड़ी तैयार है।

8. जन्ही राई (तोरई राई):-

सामग्री:- जन्ही (तोरई) 1 किलोग्राम, नारियल 1, चीनी 15 ग्राम, खोवा 50 ग्राम, घी 100 ग्राम, दूध 100 ग्राम, सरसों 10 ग्राम, फाल सोला (चना टुकड़ा) 50 ग्राम, मसाला – काली मिर्च 10 ग्राम, पान माधुरी 5 ग्राम, जीरा, 5 फोरन, नमक, हल्दी।

विधि:- पहले तोरई को धोकर आधा कर, 4 भागों में काट लेते हैं और घी में थोडा भून लेते हैं, पश्चात सरसों, पान माधुरी, टुकड़ा चना, कालीमिर्च को पीसकर रखते हैं। इसके साथ नारियल को भी पीसकर अलग रख लेते हैं, तत्पश्चात मिटटी के हांड़ी में घी डालकर गर्म कर इसमें नारियल को डालते हैं, फिर इसमें पानी डालकर इसमें नमक, हल्दी, और चीनी डालते हैं, कुछ समय के पश्चात उबाल आने पर इसमें भूने हुए तोरई को डालते हैं और इसे 5 मिनट पकाते हैं। घी में जीरा और 5 फोरन को डाल गरम कर इसमें डालते हैं। राई तैयार है।

जन्ही (तोरई) राई

सिम्ब (सेम) राई:-

सामग्री:- सेम, सरसों, पान माधुरी, काली मिर्च, जीरा, हल्दी, नारियल, नमक, पञ्च फोरन, घी।

विधि:- सर्वप्रथम सरसों, पान माधुरी, काली मिर्च, जीरा, इत्यादि को अच्छे से पीस लेते हैं, एवं अलग से नारियल को भी पीस लिया जाये। एक मिटटी के हांड़ी में पानी मेंपीसा हुआ मसाला, कसा हुआ नारियल, नमक, हल्दी, डालकर पकाया जाये, पश्चात जब उबाल आ जाए तब इसमें सेम को डालते हैं अच्छी तरह पकने के पश्चात इसे उतार लेते हैं और फिर इसके ऊपर घी गर्म कर डालते हैं।

सिम्ब राई

9.   बड कांति:-

सामग्री:- उड़द 500 ग्राम, घी 1 किग्राम, अदरक 50 ग्राम, नमक, जीरा 15 ग्राम, चावल आटा 100 ग्राम।

विधि:- पहले उड़द को भिगोकर, पीसकर, उसमे चावल आटा, अदरक छीलकर, जीरा और नमक मिलाकर गूंथतेहैं और थोडा थोडा दोनों हांथों से बड़ा की तरह दबा दबाकर घी में छान लेते हैं।

बड कांति

10. माथा पुली:-

सामग्री:- उड़द, मुंग, साबूत दाल, हींग, नमक, काली मिर्च, नारियल के टुकड़े।

विधि:- साबूत उड़द दाल और मुंग दाल को चक्की में पीसकर तोड़ लिया जाता है फिर इसे 5 घंटे के लिए पानी में भिगोकर रखा जाता है। पश्चात इसे रगड़कर इनके छिलके निकाल लिए जाते हैं। एक बड़ा चम्मच उड़द का दाल में थोडा पानी इसे लेकर पीस लेते हैं और इसमें कुछ धुली हुई मुंग की दाल मिलाते हैं फिर इसमें थोडे अदरक के टुकड़े और नमक डाल देते हैं, काली मिर्च को ओखली में तुरंत कूटकर डाल देते हैं फिर इसमें नारियल के छोटे छोटे टुकड़े डाल देते हैं और थोड़ी बंधनी हींग को पानी में भिगोकर अलग रख देते हैं, 10 मिनट इस पेस्ट को फेंटते हैं और इसमें हींग के पानी को डाल कर मिला देते हैं और इसे 1-2 घंटे अलग रख देते हैं। इस पेस्ट को एक तवे में घी लगाकर डाल देते हैं और एक बड़े ढक्कन वाले बर्तन जैसा इडली बनाने का होता है में एक छोटा स्टैंड रख कर पानी डाल कर उबालते हैं जब पानी उबलने लगे उस समय ढक्कन खोलकर इसके अन्दर तवे को रख देते हैं और ढक्कन बंद कर इसे 30-40 मिनट तक भाप में पकाते हैं। इसे 1 घंटे बाद खोलकर बाहर निकाल देते हैं और इसे कपडे में ढांक देते हैं। थोड़ी देर बाद इसे छोटे छोटे टुकड़ों में काट लेते हैं।

माथा पुली

11. हंसा केलि:-

सामग्री:- उड़द ½ किलो, नमक, कर्पूर, गुड़ 150 ग्राम, इलाइची.नारियल घिसा हुआ, चावल आटा 150 ग्राम।

विधि:-सबसे पहले उड़द को भिगोकर और गुड़ को पिघलाकर गुड़ का पाग तैयार कर लिया जाता हैऔर कसे हुए नारियल का चूरा, इलैची पाउडर, कर्पुर का एक मिश्रण बना कररख लेते हैं। फिर उड़द में चावल आटा मिलाकर पीस लेते हैं और उसे मंडा जैसे गोल गोल बनाकर, इसमें नारियल इलाइची के मिश्रण को भरते हैं और फिर गोल गोल बनाकर छान लेते हैं। हंसा केली तैयार है।

हंसा केली

12. झिली:-

सामग्री:- मैदा या चावल आटा दूध, खट्टा दही, शक्कर चुरा, चीनी, पानी, इलाइची, घी।

विधि:- छेना – दूध उबालकर इसमें इसमें अच्छी तरह दही मिलाते हैं, इसका रंग साफ़ नहीं होने पर इसे 1-2 मिनट फिर से उबालते हैं, मसलींन कपडे में छानते हैं और दबाकर अतिरिक्त पानी को निकालकर छेना तैयार करते हैं।

तत्पश्चात एक अन्य बर्तन में दो कप पानी उबालते हैं और इसमें दो कप चीनी मिलाते हैं, इसमें इलाइची पीसकर डालते हैं और 10 मिनट के लिए छोड़ देते हैं।

एक बर्तन में छेना, मैदा या चावल आटा, शक्कर चुरा, को डाल कर मिला लिया जाता है, इसका छोटा छोटा बाल बनाकर बेल लेते हैं और इसे सुनहरे कलर होते तक तला जाता है। फिर इसे चीनी या गुड़की चासनी में डाल दिया जाता है। छेना झिल्ली तैयार है।

झिली

13. एन्दुरी:-

सामग्री:- 1 ½कप चावल, 1 कप बिरही (बिना छिलका का), 1 कप नारियल चुरा, 100 ग्राम छेना, 150 ग्राम गुड़, 3 छोटा इलाइची, 6 गोल मरीच, हरा ताजा हल्दी पत्ता, मक्खन, नमक।

विधि:- 4 घंटे के लिए चावल और बिरही को भिगो देना है, फिर हल्का दरदरा इसे पीसना है, इसे 8 घंटे तक रखना है कि अच्छे से खमीर उठने लगे (फर्मेंट हो जाये), इसमें नमक डाल कर मिलाना चाहिए। इसके पश्चात् इसमें भरने हेतु मसाले की तैयारी करनी है। एक तवेमें नारियल चुरा, छेना, गुड़, को डाल धीमी आंच में गर्म करना है तब तक जब तक सूख ना हो जाये, तब इसमें इलाइची, गोल मरीच, डाल मिला कर अलग रख देते हैं, अब हल्दी पत्ता में लम्बाई में मक्खन लगाकर भरते हैं और इसके ऊपर पुनः मक्खन लगाकर फिर भरे हुए पीठा को एक के ऊपर एक (सैंडविच) की तरह भर कर पत्ता को लम्बाई में ही मोड़ते हैं, फिर इसे धागे से बांध देते हैं, फिर इसे भाप में इडली की तरह पकाते हैं, इसे गोल भी कर सकते हैं, इस प्रकार एन्दुरी पीठा तैयार है। इसे विशेषरूप से प्रथमा अष्टमी उत्सव में बनाया जाता है।

एन्दुरी

14. अदापचेडी (अदरक पेस्ट):-

सामग्री:- 1½ -2 अदरक बिना छिलका, 1 चम्मच टुकड़ा काली दाल (उड़द), 1½ चम्मच चना, 1 हरी मिर्च, 2 सुखी मिर्च, छोटा हल्दी टुकड़ा, 2-3 चम्मच गुड़ पाउडर, 1/4 पानी, नमक, 1 चम्मच घी, 1/2 चम्मच सरसों, 6-7 मीठी नीम, 1 लाल मिर्च।

विधि:- एक मिटट्टी के बर्तनमें 1 चम्मच घी कोगर्म करें, इसमें चना, उड़द दाल, डालकर हल्का गर्म कर थोडा लाल होते तक करें, इसमें लाल मिर्च, डालकर मिलाते हैं और अलग रख देते हैं उसी बर्तनमें बचा घी, अदरक, डालकर 3 मिनट हिलाते हैं, इसे अलग कर ठंडा करते हैं, फिर भूने हुए दालों को पिसते हैं, इसमें अदरक मिश्रण, हल्दी, गुड़, नमक को डालते हैं और ¼ कप पानी डालकर पिस कर पेस्ट बनाते हैं। घी को अन्य बर्तन में गर्म कर सरसों, लाल मिर्च, मीठी नीम पत्ती डाल तलते हैं, फिर इसे ऊपरके मिश्रण में मिला देते हैं। अदा पचेडी तैयार है।

15. कदली भजा:-

सामग्री:- कच्चा केला, जीरा, सुखी मिर्च, हल्दी पाउडर, नमक, घी।

विधि:- केले को छील कर गोल गोल काट लेंइसे एक मिटट्न के बर्तन में पानी में डालते हैं और इसमें ½ चम्मच हल्दी पाउडर डाल मिला देते हैं। इस बर्तन से पानी

निकाल देते हैं। फिर एक तवे में घी गर्म कर जीरा और मिर्च पाउडर डालें, जब जीरा भून लें उसमे केले के टुकड़ों को डालते हैं अब इसमें हल्दी पाउडर और नमक मिलाते हैं और इसे अच्छी तरह मिलाकर ढँक कर धीमी आंच में पकाते हैं, जब आधा पक जाता है, तब ढक्कन हटा देते हैं और फिर इसे तेज आंच में पकाते हैं जब तक यह कुरकुरा ना हो जाए, फिर इसमें ऊपर से भूने हुए जीरे का पाउडर और लाल मिर्च छिड़क देते हैं, अब यह भजा तैयार है।

16. चन्द्र कांति:-

सामग्री:- टुकड़ा मुंग दाल, शक्कर, चावल, दूध, पाउडर इलाइची, घी।

विधि:- मूंग दाल और चावल को 3 घंटे तक भिगोकर रख देते हैंऔर इसे पीस लेते हैं। फिर एक कढाई में गर्म दूध डालते हैं और इसमें शक्कर डालते हैं और इसमें पिसे हुए मिश्रणको डालते हैंऔर इसमें थोड़ी देर में इलाइची पाउडर डालते हैं, इसे अच्छी तरह मिलाते हैं। एक थाली में घीलगा कर इसमें मिश्रणको डालते हैं और इसे 15 मिनट के लिए छोड़ देते हैं तो यह जम कर यह थालीका आकार ले लेता है फिर इसे इच्छानुसार आकारमें काट लेते हैं। अब एकतवे में घी गर्म करते हैं और इन टुकड़ों को इसमें तलतेहैं जबतक यह सुनहरा रंग का ना हो जाए। अब यह चन्द्र कांति तैयार है।

चन्द्रकान्ति

17. आरसा:-

सामग्री:- चावल, शक्कर, घी।

विधि:- चावल को 2-3 घंटे भिगोकर रखते हैं, फिर इसे धोकर सभी पानी को निथार लेते हैं, पश्चात 2-3 मिनट के लिए चावल को सामान्य तापपर रखते हैं, फिर इसे पीसकर दरदरापाउडर बनाते हैं, इसमें ½ कप पानी और 1 कप शक्कर मिलाते हैं, इसे धीमी आंच में उबालकर एक गाढ़ा घोल तैयार करते हैं, इसमें 2 कप चावल चूर्ण (आटा) मिलाते है, और इसे अच्छी तरह मिलाते रहते हैं, फिर इसमें से थोडा हाँथ में लेकर दुसरे हाँथ से फैलाते हैं और पूरी या कचोरी जैसा आकार देते हैं और इसे घीमें तलते हैं सुनहरा भूरा होते तक, फिर इसे बाहर निकाल लेते हैं।

आरसा

18. बूंदिया (मीठी बूंदी):-

सामग्री:- 1 कप बेसन, 1 कप चीनी, घी, 5-6 इलाइची, मगज बीज, काजू, निम्बू, केसर।

विधि:- एक बाऊल में बेसन घी और पानी लेकर फेंटते हैं और इसे अलग रख देते हैं। एक कढाई में घी गर्म करते हैं, और इस बेसन को झरे से छान लेते हैं जब तक भूरा रंग हो जाए, इस बूंदी को छान कर अलग कर रख लेते हैं। एक कढाई में पानी गर्म करते हैं और इसमें चीनी डाल कर घोल बनाते हैं, इसमें एक टुकड़ा निम्बू डालते हैं, इसमें इलाइची, और मगज के बीज और काजू के छोटे छोटे टुकड़े डालते हैं, अब इस घोल में बूंदी को डालते हैं। इसे ढँक कर रख देते हैं और यह बूंदी तैयार है।

मीठी बूंदी

19. पखाल:-

गर्मी में 1 दिन में 3 बार पखाल का भोग लगता है जिसमे दोपहर में सुगन्धित पखाल होता है, शाम को दही, अदरक, और जीरा पखाल होता है एवं रात्रि में शकरकंद, अदरक, जीरा, घी और चीनी का होता है।

सुवास पखाल:-

सामग्री:- चावल 1 किग्रा, जीरा 10 ग्रा, अदरक 5 ग्रा, नमक, संतरे या निम्बू का पत्ता।

विधि:- पहले एक बाउल में बने हुये चावल को रख उसमे पानी मिलाते है फिर उसमे अवश्यक अनुसार में नमक, छोटा छोटा अदरक और जीरा भून कर डालते हैं। इस पानी में संतरे या निम्बू का पत्ता डालते हैं जिससे सुगंध आता है, इसे ही सुवास पखाल कहते हैं।

सुवास पखाल

दही पखाल:-

सामग्री:- मीठी नीम पत्ती, 100 ग्राम धनिया पत्ती, अच्छा दही, 1 चम्मच काला सरसों, नमक, 1 चम्मच आम अदरक पेस्ट, 1 चम्मच घी, 3कप धुला चावल, 1 चम्मच गोल मरीच, 1 चम्मच हींग।

विधि:- 1 बाउल में चावल लेकर उसमे 4 कप पानी डालते हैं, फिर इसमें 2 कप दही डालकर मिलाते हैं इसमें गोल मरीच पीसकर डाल देते हैं, इसमें नमक और धनिया पत्ती डाल देते हैं। इसमें आम अदरक का पेस्ट मिक्स कर देते हैं। एक कढाई में घी गर्म करते हैं उसमे सरसों, मीठी नीम पत्ती, हींग डाल देते हैं, जब सरसों फूटने लगे उसे निकाल कर ठंडा कर दही, पखाल के ऊपर डाल देते हैं। दही पखाल तैयार है।

दही पखाल

पाणी पखाल:-

सामग्री:- चावल, नमक, पानी।

विधि:- चावल को पकाकर उसमे पानी और नमक डालते है।

मीठा पखाल:-

सामग्री:- चावल 1 किग्रा, जीरा 10 ग्रा, चीनी या गुड 100 ग्राम, अदरक -50 ग्राम, नमक, दही 150 ग्राम

विधि:- एक बर्तन में चावल लेकर बीच में पानी डाल इसमें नमक, चीनी या गुड मिलाते हैं, कुछ समय बाद इसमें दही, भूना जीरा, और अदरक को भी काट काट कर डाल देते है। यह मीठा पखाल तैयार है।

20. खीरा:-

सामग्री:- 1 लिटर गाढ़ा दूध, 200 ग्राम पनीर, 4-5 इलाइची, काजू के छोटे छोटे टुकड़े या पिसे हुए, 2 कप ठंडा सीताफल पल्प, पिस्ता, केसर।

विधि:- एक गहरे बर्तन में दूध गर्म करते हैं और इसमें पीसी हुई इलाइची डाल देते हैं, एक बार यह उबलने लगे तो आंच धीमी कर इसे लगभग आधा कर लेते हैं, इसे बीच बीच में चलाते रहते हैं कि यह नीचे चिपकना नहीं चाहिए, इसमें पिसा हुआ काजू और पनीर को मिलाते हैं फिर इसे 15-20 मिनट उबालते है जब तक 1/3 ना हो जाए, इसके पश्चात आंच बंद कर खीरा को ठंडा करते हैं, ठंडा होने के पश्चात इसमें सीताफल का पल्प डालकर और इसे अच्छी तरह मिलाते हैं, इसे मिट्टी के बर्तन में डालकर ठंडा करते हैं, इसके ऊपर पिस्ता और केसर डाल देते हैं। इस प्रकार खीरा तैयार है।

खीरा

21. कदम्ब (चूड़ा कदम्बा):-चुडा या चावल, कदम्ब रबड़ी के साथ मिलाकर दिया जाता है।

सामग्री:-चुडा, शक्कर, शक्कर सिरप, नारियल का दूध, नारियल के छोटे टुकड़े, शुद्ध गाय घी, काली मिर्च, इलाइची पाउडर, लौंग.तला काजू, अन्य मेवे।

विधि:- चावल के टुकड़ों को पीस लिया जाता है, इसमें शक्कर और नारियल का दूध मिलाया जाता है। एक तवे में काली मिर्च का पाउडर, इलाइची पाउडर, लौंग, काजू, अन्य मेवे, नारियल के टुकड़े, घी डालकर इसमें चावल या चूड़ा के पीसे हुए को डालकर दोनों हांथों से मिलाया जाता है। अब इसमें नारियल का दूध और शक्कर की चासनी मिलाते हैं। इस मिश्रण के छोटे छोटे गोल गोल बना लेते हैं। इसमें शक्कर चासनी और नारियल का दूध एक बंधन का काम करता है। अब इसे रबड़ी या दालमा के साथ भी दिया जाता है।

चूड़ा कदम्बा

22. पोड पीठा:-

सामग्री:- 300 ग्राम चावल, 150 ग्राम उड़द बिना छिलका, 1 कप नारियल चूरा, 10-15 पतला नारियल टुकड़ा, 200 ग्राम चीनी, 50 ग्राम अदरक, 1/2 कप काजू टुकड़ा, 1 चम्मच घी, 1/2 चम्मच नमक, 1 चम्मच बेकिंग पाउडर।

विधि:- चावल और बिरही को अलग अलग बाउल में भिगोकर धो लें। उड़द कोबारीक्क पीस लें, चावल को भी अलग से थोडा मोटा पिसना है, दोनों पिसे हुए को मिला कर नारियल के टुकड़े, नारियल चूरा, अदरक टुकड़े, नमक, चीनी, काजू टुकड़े, और बेकिंग पाउडर को मिलाना है, और 2 घंटे ढँक कर रखना है, गर्म बर्तन में अन्दर घीकी पर्त लगाकर, इसमें पिसे हुए मिश्रण को थोडा थोडा डालते हैं। अब इस बर्तनको 1 घंटा ढँक कर धीमी आंच में रख देते हैं ये पोड़ो पीठा तैयार है, इसे निकालकर सामान्य तापक्रममें इच्छानुसार आकार में काट लेते हैं।

पोड पीठा

23. **अमालू:**-महाप्रभु जगन्नाथ की संध्या धुप आरती जिसे जय मंगल आरती कहते हैं, के समय इसका भोग लगाया जाता है

सामग्री:- मैदा 1कप, सूजी 1 कप, चीनी ½ कप, नमक ½ चम्मच, सौंफ ½ चम्मच, दूध, नारियल टुकड़े, खोवा ½ कप, बेकिंग पाउडर ¼ चम्मच, घी, चासनी के लिए- चीनी 1 कप, पानी ½ कप, इलाइची 2-3, केसर।

विधि- एक बर्तन में चासनी बना कर ठंडा कर लेते। फिर सभी सुखी सामग्रियों, मैदा, सूजी, खोवा, खीर, शक्कर, नमक, सौंफ, बेकिंग पाउडर, और नारियल टुकड़े को मिला लेते हैं और इसमें दूध डालकर गाढ़ा मिश्रणबनाते हैं (पैन केक जैसा), इस मिश्रण को 15मिनट सामान्य तापक्रम पर रखते हैं। एक तवे में घीलगाकर इस मिश्रण को डाल कर फैला देते हैं, और इसे दोनों तरफ सुनहरे रंग होते तक तलते हैं, इस तले हुए पीठा को चासनी में 1-2 मिनट के लिए डालते हैं और निकाल लेते हैं। अमालू तैयार है।

अमालू

24. सादा दालः-

सामग्रीः-अरहर या मूंग की दाल, अदरक, हल्दी, घिसा हुआ नारियल, हींग, घी, नाडी बड़ी।

विधिः- मिटटी के बर्तन में अरहर या मूंग की दाल लेकर उतने ही परिमाण में पानी डालते हैं, उसमे अदरक घिसकर डालते हैं, फिर इसमें नमक, हल्दी, हींग, और नारियल घिसकर डालते हैं। फिर इसे पकाया जाता है जबतक दाल उबल न जाए फिर इसे उतार लेते हैं और इसके ऊपर घी से छाना हुआ नाडी बड़ी के टुकड़े डालते हैं। फिर इसे आग में पुनः पकाते हैं और उतार लेते हैं, सादा दाल तैयार है।

सादा दाल

25. दालमाः-

सामग्रीः-1 कप तुअर दाल/चना दाल या मिक्स, सब्जी सभी एक सामान कटी हुई –½ कप जिमीकंद, 1/२ कप कद्दू के टुकड़े, 1/2 कप बैंगन, 1/2कप कच्चाकेला, 1/4 कप गाजर, 1/4 कप मूली, घी।

मसालाः- 2 चम्मच सौंफ, 3 चम्मच जीरा, 1 चम्मच दालचीनी, 3 चम्मच काली मिर्च पाउडर, 3 चम्मच लाल मीर्च पाउडर।

मसाला मिक्सः- 1 चम्मच पंच फोरन, 1 चम्मच हल्दी, 2-3 लाल मिर्च सुखी, 2 चम्मच घी, नारियल चूरा, धनिया पत्ती, 3 कप पानी

विधिः- 4-5 घंटा डाल को भिगोकर रख देते हैं, सब्जी को धोकर एक सामान मीडियम साइज़ में काट लेते हैं।

3 कप पानी में दाल कटी सब्जी, हल्दी, नमक, डालकर बर्तन में धीमी आंच में गर्म करते है, इसी बीच में दालमा मसाला की तैयारी करते हैं, सौंफ, जीरा, दालचीनी, काली मिर्च, और लाल मिर्च पाउडर को मिला कर सूखा भूनते हैं, फिर इसे ठंडा करने छोड़ देते हैं, फिर इसे बारीक़ पीस लेते हैं। एक अन्य बर्तनमें तड़का की तैयारी करलेते हैं, इसमें घी को गर्म कर पंचफोरन, लाल मिर्च पाउडर मिलाकर गर्म करलेते हैं, और इसे दाल में मिला देते हैं, इसमें कुछ चीनी भी डाल देते हैं, जब यह एक सामान मोटादाल मिश्रणबन जाता है तो इसमें ऊपर से दालमामसाला डाल देते हैं और आग बंद कर देते हैं। इसे मिला कर 5 मिनट के लिए ढँक कर रख देते हैं और इसके ऊपर धनिया पत्ती, नारियल चूरा डाल देते हैं और फिर यह दालमा तैयार है।

दालमा

26. **मीठी दाल**:-

सामग्री:- 2 कप दाल तुवर/चना या दोनों मिक्स, 1 चम्मच हल्दी, नमक, 1/2 चम्मच गुड़, 1/4 कप नारियल चूरा, 2 टुकड़ा दालचीनी, 4 इलाइची, 4 लौंग, 1चम्मच काली मिर्च पाउडर, 1 चम्मच जीरा, 1 चम्मच धनिया बीज, 1 चम्मच घी, 1 चम्मच सरसों, 1 चम्मच धनिया पत्ती .घी।

विधि:-दाल को 60 मिनट भिगो देते हैं, फिर 1 बाउल मे 4 कप पानी डालकर इसमें हल्दी, नमक, चीनी/गुड़, डाल कर कम आंच में गर्म करते हैं, इसे बीच बीच में हिलाते रहते हैं, फिर इसमें घी .नारियल टुकड़े, दालचीनी, इलाइची, लौंग, काली मिर्च, जीरा, सरसों, धनिया बीज, और ½ कप गर्म पानी डाल देते हैं, इसे गर्म करते रहते हैं जब तक नारियल टुकड़े मुलायम नहीं हो जाते। ये सभी मिश्रण को दाल में मिलाकर 10 मिनट पकाते हैं। मीठा दाल तैयार है।

मीठी दाल

27. खईर चूल:-

सामग्री:- चावल चूरा ½ किलो ग्राम, गुड़ 1 किग्रा, लौंग 5, जायफल 1, अन्ज्वाइन 5 ग्राम, गोलमरीच 5 ग्राम।

विधि:- सबसे पहले चावलचूरा के चकली को छोटा छोटा करके घी में छान लेते हैं, फिर इसको अच्छे से चूरा करते हैं और इसमें पिघलाकर गुड डालते हैं, इसके बीच में जायफल, अन्जवाइन, गोलमरीच, डालकर मिलाते हैं। इसके बीच में पुनः पिघला गुड धीरे धीरे डालते हुए मिलाते हैं। इस प्रकार खैर चूल तैयार होता है।

खैरचुल

28. अरिसा पीठा

छोटा अरिसा पीठा:-

सामग्री:-1 कटोरी चावल आटा, 1 कटोरी गुड़, 1/2 कटोरी दही, थोडा इलाइची पाउडर, 1/2 कटोरी पानी, 2 चम्मच देसीघी, 1 चम्मचसिसमी बीज, तेल।

विधि:- एक गर्म कढाई में आधा कटोरी पानी लेकर उसमे गुड डाल देते हैं, इसमें 2 चम्मच घी और इलाइची पाउडर डालते हैं, इसमें चावल आटा डालकर इसे मिलाकर गूँथ लेते हैं, इसे एक बर्तन में फैलाकर ½ कटोरी दही डालकर मिक्स कर लेते हैं, फिर इसमें से छोटे छोटे गोल गोल बना लेते हैं और थोडा थोडा दबाकरचपटा कर इसमें कुछ सिसमी बीज छिड़क देते हैं फिर इसे अच्छे से तलतेहैं जब तक लाल ना हो जाये।

बड अरिसा पीठा:-

सामग्री:- 500 ग्राम चावल, 350 ग्राम गुड, 1/2 लिटर घी, नमक, 50 ग्राम तिल।

विधि:- 5-6 घंटे या पूरे रात भर के लिए चावल को पानी में भिगोकर रखते हैं, फिर इसे पानी से धो लेते हैं और सब पानी को निथार कर 30 मिनट के लिए रख देते हैं, मिक्सी में इसे पिस लेते हैं। एक कढाई में पानी डालकर गर्म कर गुड डाल देते हैं यह एक सिरप की तरह हो जाता है, इस सिरप की बूँद पानी में डालकर देखलेते हैं यदि वह नहीं घुलता है तो वह तैयार हो गया है, इसमें धीरे धीरे चावल आटा को डाल कर गूँथ लेते हैं जब यह आटा तैयार हो जाये तो इसे 5-6 मिनट के लिए अलग रख देते हैं, फिर दोनों पंजों में घी लगाकर इस आटे की छोटी छोटी पूड़ी बनाकर इसके ऊपर सिसमी बीज छिड़क कर इस पूरी को दबाकर थोडा बड़ा करते हैं। इस पुड़ी को घी में तलते हैं जब तक सुनहरा रंग का ना हो जाये।

बड अरिसा पीठा

29. मधुरूची:-

सामग्री:- पके केले 5, अंगूर 100 ग्राम, संतरा 100 ग्राम, सेव 150 ग्राम, मैदा 15 ग्राम, सपूरी 100 ग्राम, नारियल 1, चीनी 100 ग्राम, नमक, हल्दी, काली मिर्च 5 ग्राम, जीरा 5ग्राम।

विधि:- पहले पके केले मेंनमक डालकर मसल कर अलग रख लेते हैं, तत्पश्चात मैदा में पके केले का मिश्रण, हल्दी, पानी, चीनी, नारियल पीसा, और सभी मसालों को पीसकर डालते हैं। अब इसमें समस्त फलों के टुकड़े डालते हैं और कुछ देर के लिए आंच में रखते हैं, इसे अच्छी तरह मिलाते हैं और कुछ देर पश्चात उतार लेते हैं।

मधुरुची

30. कदली बड़ा (केले का बड़ा):-

सामग्री:- 1 कप गेहूं आटा, 1/4 कप सूजी, 1/3 कप नारियल टुकड़े, 1/2 कप पिघला गुड़, 1 चम्मच फेंनल बीज, 2 चम्मच इलाइची पाउडर, 1/4 चम्मच नमक, 3 पका केला, घी।

विधि:- एक बाउल मव सभी को मिला लेते हैं घी को छोड़कर, इसमें कुछ गर्म पानी मिला कर इसे गूंथते हैं यह डोसा के आटे से कुछ मोटा होना चाहिए। एक कढाई में घी डालकर इस मिश्रित आटे में से विभिन्न आकार में टुकड़ों को डाल कर दोनों तरफ सेंकते हैं, यह बड़ा तैयार है।

कदली बड़ा

31. छेना मंडुआ:-

सामग्री:- 500 ग्राम छेना, 250 ग्राम गेहूं आटा, 25 ग्राम इलाइची और लौंग, कपूर खाने वाला, चीनी घी।

विधि:-छेने को पीसकर बारीक कर लेते हैं ताकि दानेदार ना रहे इसमें आटा, इलाइची, लौंग मिलाते हैं और एक मुलायम आटा गूंथ लेते हैं, इसके छोटे छोटे गोल गोलबनाकर पूरी की तरह बना लेते हैं फिर इसे घी में अच्छे से तलतेहैं और इसके ऊपर से शक्कर या गुड के चूर्णका छिडकाव करते हैं।

छेना मंडुआ

32. चिताऊ पीठा:-इसे चितालागी अमावस्या को विशेषकर बनाया जाता है।

सामग्री:- 500 ग्राम चावल, 1 नारियल, 1/2 चम्मच बेकिंग पाउडर, 1 कप दूध, 1 कप चीनी, 8 चम्मच घी, 1 इलैचा, नमक।

विधि:- 2-3 घंटा चावल को भिगो कर रख देते हैं, नारियल के टुकड़े कर लेते हैं, इलैचा को पिस लेते हैं, चावल को धो कर ग्राइंडर में पिस लेते हैं इसमें दूध और नारियल के टुकड़े डालकर मिला लेते हैं, इसमें चीनी बेकिंग पाउडर, इलैचा, और नमक मिला लेते हैं और इस मिश्रण को 2 घंटे के लिए रख देते हैं, एक पहले से गर्म तवे में घी डालकर इसे गर्म करते हैं और इसमें 2 चम्मच मिश्रण को डाल कर इसे चपटे गोल आकार में डालते हैं और इसे ढँक देते हैं, 2 मिनट के बाद ढक्कन हटाकर इसे निकाल लेते हैं। चिताऊ पीठा तैयार है।

चिताऊ पीठा

33. बड काकरा पीठा:-

सामग्री:- खली बनाने – 4 कप आटा, 2 कप चीनी, 1/2 लिटर रिफाइंड तेल।

सामग्री भरने के लिए:- 1 कप नारियल चुरा, 1/2 कप चीनी, 1 चम्मच सौफ, 1 चम्मच गोल मरीच, 4 लौंग, छोटा इलैचा।

खली (बेस) बनाने की विधि:- खली के लिए ½ कप पानी में ½ चम्मच गेहूं का आटा डालकर गाढ़ा मिश्रण बनाये। एक तवेमें 5 कप पानी में 2 कप चीनी डालकर गर्म किये। जब चीनी का घोल बराबर हो जाए इसे अच्छे से मिला लेते हैं और इस तवे में गाढ़ा मिश्रणको मिला देते हैं और अच्छे से हिलाकर देखते हैं कि इसमें कोई गांठ नहीं रहने पाए, तवेको आग में 2 मिनट के लिए छोड़ देते हैं, फिर धीमी आंच करके इसमें बाकी आटे को भी डालकर इसे अच्छे से मिलाते हैं और अब इसे इस तवे से चौड़े अन्य बर्तन में डाल देते हैं और इसमें 1 चम्मच घीडालकर खली (मिलाते हुएगूंथते) बनाते हैं, तेल के कारण आटे में गाँठ नहीं बनती।

भरवां के लिए मिश्रण बनाने की विधि:-सौफ, काली मिर्च, और इलैची को भुन कर पीस लेते हैं, एक तवे में नारियल चूरा और चीनी को मिलाकर तल लेते हैं और इसमें पिसे हुए सभी मिश्रणमिलाकर इसे अच्छे से मिला लेते हैं, यह मिश्रणभरने के लिए तैयार है।

ऊपर बनाये गए खली या आटे के छोटे छोटे गोल गोलबना लेते है, इस गोल बाल को चपटा कर इसमें बनाये हुए मिश्रण को भरते हैं और फिर इसे गोल बालबना कर फिर से चपटा कर देते हैं जिससे अन्दर का मिश्रण बीच में आ जाता है अब इसे कचौरी

का आकार देते हैं, एक तवे में घी गर्म कर इस चपटे बाल को इसमें छान लेते है सुनहरा भूरा होते तक। यह काकरा पीठा तैयार है।

34. कांजी:-

सामग्री:-1/2कप बेसन, 2चम्मच घी, 1 चम्मच हल्दी, 1/2 चम्मच नमक, लौंग, पान माधुरी, काली मिर्च, जायफल या बड़ी इलाइची।

विधिः- बर्तन में 2 कप पानी गर्म करते हैं। सभी मसाला पाउडर 1 चम्मच, नमक, दही, घी, हल्दी, बेसन को गर्म में ही डाल कर चलाते रहते हैं। इसे ठंडा करने पर कांजी बन जाता है।

कांजी

35. फाल सोला (बिना छिलका के टुकड़े लाल चने की सब्जी):-

सामग्री:-फाल सोला 1 किग्रा, नारियल 1, पञ्च फोरन, जीरा5 ग्राम, घी 150 ग्राम, हींग, गुड या चीनी।

मसाला:- जीरा 15 ग्राम, गोल मरीच 10 ग्राम, अदरक 10 ग्राम, नमक, हल्दी।

विधिः- पहले आधे टुकड़े सोला को अच्छे से धोकर छिलका रख लेते हैं। फिरमिट्टी की हांड़ी में सोला को लेकर इसमें पानी, नमक, हल्दी, डालकर उबाले। जब पानी 10 भागसूखजाए, तो इसमें नारियल टुकड़े, जीरा, अदरक, कालीमिर्च, पीसा हुआ को डालते हैं। कुछ समय बाद इसमें गुड या चीनी डालते हैं और अच्छे से उबालते हैं, फिर

थोड़ी देर बाद इसे नीचे उतारकर इसमें हींग का पानी डालते हैंतत्पश्चात इसमें घी में जीरा पञ्च फोरन को गर्म कर मिलाएं। फाल सोला तैयार है।

फाल सोला

गोटा सोला (सोला चना):-

सामग्री:-साबूत सोला (चना) 1 किलोग्राम, घी 150 ग्राम, नारियल 1, नमक, हल्दी, मसाला – जीरा 10 ग्राम, हींग 5 ग्राम, दालचीनी 10 ग्राम, मैदा 10 ग्राम, लौंग, इलैचा 10 ग्राम, चीनी या गुड 15 ग्राम।

विधि:- सर्वप्रथम साफ़ चना को अच्छे से उबालते हैं और उसमे दालचीनी, इलैचा, नारियल पीसा, नमक, हल्दी, गुड, आदि डालकर पकाया जाए। इसमें कुछ समय पश्चात उबाल आने पर घी और हींग डालते हैं। भोग पश्चात् इसमें जीरा, पञ्च फोरन को घी में गर्म कर डालते हैं। गोटा सोला तैयार है।

गोटा सोला

36. लूनी खुरुमा:-

सामग्री:-आटा, घी, नमक, अंजवाइन।

विधि:- एक परात में आटा लेकर उसमे नमक, पिसा हुआ अन्जवाइन, थोडा घी डालते हैं और थोडा थोडा पानी डालकर सुखा गुथते हैं। 10 मिनट के बाद एक कढाई में घी गर्म करते है और फिर इसे कम आंच में रखते हैं। गुंथे हुए आटे की लोई बनाकर रखते जाते हैं और एक एक लोई को हांथो से ही दबाकर मठरी की तरह बनाते हुए घी में तलते हैं, सुनहरे भूरे होनेपरइसे पलट देते हैं, 4-5 मिनट के बाद इसे निकाल लेते है, इस प्रकार लूनी खुरुमा (मठरी) तैयार है।

लूनी खुरुमा

37. मगज लड्डू:-

सामग्री:-आटा 1 कप, 1/2 कप चीनी, 1/2 कप घी, 7 इलाइची के बीज निकालकर।

विधि:- इलाइची को पीसकर पाउडर बनाते हैं, एक कढाई में घी डाल कर गर्म करते हैं और आटे को लो फ्लैम कम आंच में भूनते हैं, 5-7 मिनट के बाद रंग थोडा बदलने पर गैस बंद कर देते हैं, इसी आटे को चलाते हुए इसमें घी डाल देते हैं और अच्छे से मिलाते हुए इसमें दानेदार चीनी डालते हैं तथा इसीमे इलाइची के पाउडर को डाल मिलाते हैं, इसे हल्का ठंडा होने पर इसका लड्डू बनाते है, अब तैयार है मगज लड्डू।

मगज लड्डू

38. घीय अन्न:-

सामग्री:- 1 कप राजभोग चावल, 2 चम्मच निम्बू रस, 1 कप घी, 3 ½कप पानी।

विधि:- कम आंच में पानी गर्म कर इसमें चावल डालते हैं, जब उबाल आ जाता है तो इसमें निम्बू का रस डाल देते हैं फिर इसे हल्का खुला छोड़ ढँक देते हैं जब इसमें से चावल का पानी बाहर आ रहा हो तो इसमें घी डाल देते हैं और आंच को बंद कर छोड़ देते हैं, आधा घंटा पश्चात चावल जिसे घीय अन्न कहते हैं तैयार हो जाता है।

घीय अन्न

39. **साग:-**

सामग्री:- कुशला साग (लाल चौलाई), अरबी, जिमी कंद, शकरकंद, परवल, कद्दू, कच्चा केला, बैंगन, आलू को छोटे छोटे टुकड़ों में काट कर रख लेते हैं।

फ़्राईड नाडीबड़ी, नारियल कसा हुआ, काली मिर्च, जीरा, सरसों, अदरक, 1 बड़ा चम्मच गुड़, 2 बड़ा चम्मच घी, नमक।

विधि:- सभी मसालों को ओखली में दरदरा कूट लेते हैं और अलग रख लेते हैं, कुशला साग में सभी सब्जियों, कुटे हुए मसाले, कसा हुआ नारियल, फ़्राईड नाडी बड़ी, अदरक, नमक को डाल रख लेतेहैं। एक मिटटी के बर्तन में पानी गर्म करते हैं और इन सभी साग को डाल ऊपर से ½ कप पानी और डाल देते हैं और लो फ्लैम कर ढँक देते हैं, जब ¼ पानी हो जाएगा इसमें गुड़ डालकर फिर 10 मिनट के लिए ढँक देते हैं फिर 5 मिनट बाद लो फ्लैम में ही इसमें 2 बड़ा चम्मच घी डाल देते हैं, 30 मिनट तक ऐसे ही छोड़ देते हैं, साग का पानी सुख कर तैयार हो जाएगा।

नाड़ी बड़ीसाग

40. **बेसर:-**

सामग्री:- सब्जी:-कटी हुई छिलके सहित कद्दू, कच्चा केला, जिमी कंद, शकरकंद, सेम फली, अरबी, नाडी बड़ी, परवल, मूली, 1/3 कप काला चना रात भर भिगोया हुआ, 1/3 कप कसा नारियल।

मसाला:- (अ) 1 छोटा चम्मच काली मिर्च, 1/2 छोटा चम्मच जीरा, 1 बड़ा चम्मच सरसों, 1 छोटा चम्मच सौंफ, 1/2 टुकड़ा अदरक, 3 बड़ा चम्मच घी, 1 बड़ा चम्मच गुड़, 1/2 छोटा चम्मच हल्दी।

(ब) ½ छोटा चम्मच जीरा, 1/2 छोटा चम्मच सरसों, हींग, नमक।

विधि:- जीरा, काली मिर्च, सरसों, सौंफ, अदरक को पीसकर पेस्ट बना कर 1कप पानी में डालकर रखते हैं। गुड़ और हींग को अलग अलग कप में भिगोकर रखते हैं। फिर एक बड़ी मिट्टी की हांड़ी में सभी कटी हुई सब्जियों को डाल देते हैं इसके ऊपर ½ चम्मच, हल्दी जीरा, सरसों, नमक को डाल देते हैं और इसके ऊपर मसालों केमोटेमिश्रण केपानी को डाल देते हैं और इसे मिला करइसमें फिर ½ कप पानी डाल देते हैं इस प्रकार कुल डेढ़ कप पानी हो जाता है। इस हांड़ी को कम आंच में चढ़ाकर 10-15 मिनट पकाते हैं। फिर हींग पानी को डालते हैं और ढँक कर 10 मिनट पकाते हैं और इसमें गुड़ का पानी डाल देते हैंएवं फिर 10 मिनट तक पकाते हैं। आंच बंद कर 40 मिनट तक ढँक कर रखे रहते हैं जबतक पानी सुख जाता है। इस प्रकार बेसर तैयार है।

बेसर

41. माहुर:-

सामग्री:-सब्जी : कद्दू छिलका सहित, जिमी कंद, अरबी, मूली, कन्दोला (खेकसा), परवल, कच्चा केला, शकरकंद, 1/3 काला चना जिसे रातभर भिगोकर रखा जाता है, 2 कप ताजा घिसा नारियल।

मसाला:- (अ) 1 चम्मच काली मिर्च, 1 छोटा चम्मच जीरा, सौंफ, धनिया, (इन सभी को दरदरा कूटकर पाउडर बना कर रख लेते हैं)।

(ब)½ चम्मच जीरा, 1 छोटा चम्मच सरसों, 1/2 चम्मच हींग, 1 बड़ा चम्मच गुड़, 2 बड़ा चम्मच घी, 1 टुकड़ा अदरक, 1/2 चम्मच हल्दी, 1 चम्मच नमक, तला हुआ नाडी बड़ी, हींग को 1 कप पानी में घोलकर रखते हैं।

विधि:- सभी सब्जियों को छोटे छोटे टुकड़े में काटकर एक साथ मिला कर इसमें चना, पिसा हुआ नारियल, अदरक, हल्दी, नमक, डाल कर मिला कर इसमें पिसा हुआ मसाला पाउडर को मिला देते हैं और इन सभी को एक मिट्टी की हांडी में डालकर डेढ़ कप पानी डालकर कम आंच में चढाते हैं फिर ढंककर आंचको माध्यमकर देते हैं 15 मिनट के बाद इसका ढक्कन खोलकर इसमें नाडी बड़ी और हींग के पानी को डाल देते हैं। 10-15 मिनट पकाने के बाद ढक्कन खोल कर इसमें जीरा और सरसों डालकर निम्न माध्यम आंचमें पकाते हैं। अब इसमें गुड़ और घी को डालते हैं और इसे 10 मिनट तक ऐसे ही छोड़ कर आंच कोबंद कर देते हैं, 40 मिनट के बाद सभी पानी सुख जाता है। अब माहुर तैयार है।

माहूर

42. टाकुआ:-

सामग्री:- घी 150 ग्राम, चावल चूर्ण½ किलो (मोटा पीसा हुआ), गुड 150 ग्राम।

विधि:- पहले चावल चूर्ण को घी में डालकर अच्छे से भूनते हैं। इसके पश्चात इसे नीचे उतारकर इसमें गुड को गर्म कर डालते हैं और मिलाते हैंऔर अच्छे से मिश्रण बनाए। इस मिश्रण को मिट्टी के बड़े बर्तन में डालकर मंदिर की तरह आकर दे देते हैं और इसके ऊपर भी गुड डाल देते हैं।

टाकुआ

43. मंडुआ:-

सामग्री:- 2 कप आटा, 2 कप गुड, 1 बड़ा चम्मच सौंफ, 1 छोटा चम्मच काली मिर्च, 1/2 छोटा चम्मच नमक, घी।

विधि:-सौंफ और काली मिर्च को कूट लेते हैं, एक बर्तन में पानी डालकर गुड डालते हैं और गर्म कर मिला लेते हैं। इसमें सौंफ, काली मिर्च और नमक डालते हैं, और उबालते हैं, इसमें धीरे धीरे आटा डालते हैं। आटा डालते समय इस मिश्रण को चलाते रहते हैं, फिर इसे ठंडा कर लेते हैं। एक परात में इस आटा को लेकर इसमें थोडा घी डाल इसे गूंथ लेते हैं। अब इसे छोटे छोटे आटे की लोई सामान चपटे चपटेआकार के बना लेते हैं, फिर इसे घी में छान लेते हैं, अब यह मंडुआ तैयार है।

मंडुआ

44. सुआर पीठा:-

सामग्री:- उड़द ½ किलो, चावल आटा150 ग्राम, अदरक 50 ग्राम, घी 400 ग्राम, नमक, हींग।

विधि:- उड़द को भिगोकर रख लेते हैं इसमें चावल आटा, अदरक, नमक, हींग, पानी डालकर पीसलेते हैं, इसके पश्चात इसे गोल गोल बनाकर केले के पत्ते में घी लगाकर इसे बाँध देते हैं और घी में ही छान लेते हैं। कुछ समय पश्चात इसे बाहर निकालकर इसमें छोटा छोटा छेद बना लेते हैं और फिर इसे छान लेते हैं और फिर बाहर निकाल लेते हैं, पीठा तैयार है।

सुआर पीठा

45. साग भजा:-

सामग्री:- कुशला साग, बड़ी, जीरा-भूना, घी, नमक।

विधि:- सबसे पहले साग को अच्छे से साफ़ कर छोटा छोटा काट कर रख लेते हैं इसमें बड़ी डाल देते हैं और घी गर्म कर उसमे साग को डालकर ऊपर से नमक डाल देते हैं, साग को अच्छे से भून कर उतार लेते हैं। इसके ऊपर जीरा फूटा हुआ या भूना हुआ को डालते हैं। साग भजा तैयार है।

साग भजा

46. सांकरा:-

सामग्री:- ½ किलो कुम्हड़ा, इमली 50 ग्राम, गुड़ 250 ग्राम, घिसा हुआ नारियल।

विधि:- कुम्हड़ा को छोटे छोटे पर लम्बे टुकड़े काटकर घिस लेते हैं, इस घिसे हुए कुम्हड़े को पानी में गर्म करते हैं, इसके आधा पक जाने पर इमली का रस इसमें डालते हैं, इसके उबलने पर इसमें नारियल के चूरे और गुड़ डाल देते हैं, इसके पूरा पक जाने पर इसे उतार लेते हैं।

सांकरा

47. तीपुरी:-

सामग्री:- चावल आटा 250 ग्राम, मैदा 50 ग्राम, गरुड़ गोवित छेली पत्र या ओऊ फल 1।

विधि:- चावल को धोकर पीस लिया जाता है, गरुड़ पत्र या ओऊ फल को काटकर पानी में भिगो कर 2 घंटे के लिए रखा जाता है, इसके पानी में चावल आटा और मैदा को डाल कर मिला कर थोडा कड़ा आटा बना लिया जाता है, अब कढाई में घी को गर्म कर गोल गोल छान लिया जाता है।

ओऊ फल

तीपुरी

48. झड़ाई नडा:-

सामग्री:- ½ किलो उड़द, चावल आटा 200 ग्राम, घी 250 ग्राम, गुड़ 200 ग्राम, नमक।

विधि:- उड़द को पानी में भिगो कर पीसकर बड़ा के जैसे आटा बना लेते हैं, इसमें चावल आटा, नमक मिलाकर फिर इसे पीसकर फेन जैसा बना लेते हैं, इस आटे को घी में बड़ा जैसे छान कर निकाल लेते हैं और इसे दरदरा पीस लेते हैं, फिर इसमें पिघला गुड़ मिलाते हैं और इसे पुनः घी में छान लेते हैं। यह झड़ाई नडा तैयार है।

झड़ाई नडा

49. देशी आलू रसा:-

सामग्री:- देशी आलू (सूरन, जिमी कंद, या ख्म्बालू), नारियल, बड़ी इलाइची, लौंग, धनिया, राइ, नमक, दालचीनी, हल्दी।

विधि:-आलू के छोटे छोटे टुकड़े कर लेते हैं, नारियल को भी छोटे छोटे टुकड़े कर लेते हैं। पश्चात मिटटी के बर्तन में सभी सामग्रियों को एक साथ दाल देते हैं और इसमें पानी डालकरऊपरसेलौंग, धनिया, दालचीनी का मिश्रणएवं हल्दी, राई डाल देते हैं।

इसे अच्छी तरह घी में पकाते हैं जब थोडा सुख जाए और कंद अच्छे से पाक जाएतो आधा कप पानी में हींग डालकर इसमें डालते हैं तत्पश्चात इसमें शुद्ध घी को गर्म कर डालते हैं।

देशी आलू रसा

50. मारीच लड्डू:-

सामग्री:-1/2 कप पानी, 1 कप चावल आटा, नमक, घी, गुड, लौंग, कालीमिर्च, जायफल, कपूर, मुक्त मुडा (चीनी चूरा)।

विधि:- एक मिटटी के बर्तन में आधा कप पानी लेकर गर्म करते हैं फिर इसमें नमक डालते हैं और 1 कप चावल आटा डालते हैं फिर इसे थोडा ठंडा कर गूंथते हैं और छोटे छोटे लोई बनाकर इसे गोल गोल बाल की तरह बना लेते हैं। एक अन्य बर्तन में घी गर्म करते हैं और इन गोल गोल बाल को घी में दाल कर धीमी आंच में पकाते हैं, गहरे भूरे रंग के होने के बाद इन्हें निकाल लेते हैं, इसे एक अन्य बर्तन में थोडा पानी और थोडा गुड डाल कर गर्म करते हैं, फिर आंच धीमी कर इसे ठंडा करते हैं और सभी बाल को इस रस में डाल देते हैं। इसमें लौंग काली मिर्च, जायफल के चूर्ण कामिश्रण ऊपर से डालते हैं, इसे गर्म कर ठंडा करते हैं और हाँथ में पानी लगाकर इन बाल को बांधकरलड्डू बना लेते हैं, इसके ऊपर चीनी और कपूर के चूर्ण छिडकते हैं। ये मारीच लड्डू तैयार है।

मारीच लड्डू

51. मिष्ठान:-

सामग्री:- चावल 1 किलो, चीनी या गुड 150 ग्राम, इलाइची 50 ग्राम, लौंग 5 ग्राम, किशमिश 100 ग्राम, घी 150 ग्राम, जायफल 2, खोया 100 ग्राम।

विधि:- पहले चीनी के साथ इलाइची, जायफल चूर्ण, लौंग आधा पीसा, किशमिश को मिलाकर रखा जाए तत्पश्चात मिटटी के एक बर्तन में चावल को पानी डालकर चूल्हे पर बैठाया जाए। जब चावल पक जाए और उबालने लगे इसमें चीनी और अन्य सामग्री के मिश्रण को डाल दिया जाए। इसे अब नीचे उतार कर घी मिलाया जाए।

मिष्ठान

52. सत पूरी पीठा:-यह भाद्र अमावस्या को तैयार किया जाता है।

सामग्री:- 1कप मैदा, घी, नारियल घिसा, गुड़, इलाइची, काली मिर्च, नमक।

विधि:- इसे आटा जैसे गूंथते हैं और 10-15 मिनट छोड़ देते हैं। एक तवे में घिसा नारियल चूरा लेकर उसमे गुड़ मिलाकर माध्यम आंचमें भून लेते हैं, इसमें इलाइची और कालीमिर्च पाउडर डालकर इसे उतार कर अलग रख लेते हैं। ऊपर के गूंथे आटे के छोटे छोटे गोल गोलियां बना लेते हैं, इसमें रोटी बनाने जैसे 2 बड़े गोले और 5 पूरी के छोटे गोले बनाते हैं, इन्हें बेलकर रख लेते हैं। एक बड़े बर्तन में मैदा घोल कर मोटा मिश्रण बनाकर रख लेते हैं। अब एक रोटी लेकर इसमें ऊपर के कुछ मिश्रण रखते हैं फिर इसके ऊपर मैदे का पेस्ट लगाकरएक छोटे पूरी को रखते हैं और दबा कर बंद करते हैं फिर इसके ऊपर एक और पूरीको रखते हैं एवं फिर इसके ऊपर कुछ मिश्रण रखते हैं और एक पूरी रख कर दबा कर बंद करते हैं इसी प्रकार सभी 5 पूरी रखने के बाद मिश्रण रख कर थोडा मैदा का मिश्रण लगाकर एक रोटी को रख कर दबा कर बंद करते हैं और मोड़ते हुए बंद करते हैं। फिर इसे घी में छान लेते हैं, सुनहरे रंग का हो जाने पर निकाल लेते हैं।

सतपूरीपीठा

53. बड़ा:-

सामग्री:- उड़द दाल, अदरक, जीरा, काली मिर्च, घी नमक, धनिया पत्ती।

विधि:- उड़द दाल को धोकर साफ़ कर लेते हैं इसे मोटा कर पीस लेते हैं इसमें चावल आटा, अदरक पीसा हुआ, जीरा, नमक, डालकर इसे फेंट लेते हैं और 1 घंटे के

लिए, जब तक थोडा रंग कम न हो जाए, इसमें धनिया पत्ता डाल कर इसे मिला लेते हैं। एक केले के पत्ते को गीला कर इस आटे को थोडा थोडा इसमें लगाकर बीच में गड्ढा करते हैंऔर फिर घी गर्म कर उसमे इसे छान लेते हैं।

बडा

54. खीर:-

सामग्री:- ½ लिटर दूध, 2 कप सूजी, 5 बड़ा चम्मच चीनी, 1/2 चम्मच इलाइची पाउडर, 4-5 केसर, काजू, 4-5 बादाम, 1/2 चम्मच घी।

विधि:- दूध को उबालकर रखते हैं, घी गर्म कर सूजी को भून लेते हैं, इसे दूध में डालकर उबालते हैं, फिर इसमें केसर, चीनी, इलाइची, काजू केटुकड़े डालते हैं। खीर तैयार है।

खीर

55. अन्न:-

मिट्टी के बर्तन में पानी डाल कर गर्म कर उसमे अन्न या चावल को पानी में भिगोकर डालते है और कुछ समय पश्चात चावल पक करतैयार हो जाता है, इस अन्न के बर्तन को ढांकते नहीं हैं।

56. सरपुली:-

सामग्री:- गाय का दूध, तवा।

विधि:- तवे में धीमी आंच में दूध को बैठाते हैं और उबालते हैं, 20-30 मिनट के बाद जब दूध गाढ़ा हो जाए और हल्का क्रीम कलर के मलाई मेंपरिवर्तित हो जाए तो इसे ठंडा होने दें फिरकिनारे किनारे काटकर दोसा जैसा पलट देते हैं और मोड़ कर दो से तीन भाग में काट लेते हैं, सरपुली तैयार है।

सरपुली

अन्य भोग के प्रकार एवं उन्हें बनाने की विधियाँ जो विशेष दिनों में या कभी कभी लगाए जाते हैं :

57. **लक्ष्मी विलास:**-रथयात्रा के पांचवे दिन हेरापंचमी को यह बनता है, जब श्रीमंदिर सेमहालक्ष्मी जीगुंडीचा मंदिरसे तीनो भाई बहन को देखनेजाती हैं।

सामग्री:- ¼ कप नारियल चूरा, 1 कप मैदा, 2 चम्मच मावा, 1/2 कप शहद, 1/2 कप दूध, 4 चम्मच घी।

विधि:- एक बाउल में मैदा, मधु, दूध, नारियल चूरा डालकर गूंथकर आटा बनाते हैं, यह आटा कड़ा नहीं हो अर्थात बड़ा के लिए जैसा होता है वैसे ही पतला हो। एकतवे में घी को गर्म करते हैं, इसमें इस आटे को थोडा थोडा डालकर छान लेते हैं, लाल होने पर इसे निकाल लेते हैं, और दूध में डालकर इसमें काजू, बादाम, के टुकड़े मिलाते हैं। लक्ष्मी विलास तैयार है।

58. **पना:-**

सामग्री:- पका केला, नारियल कसा हुआ, गुड़, दही, काली मिर्च।

विधि:- पका केला, नारियल और दही इन सभी को मिलाकर अच्छे से मिश्रण बना लेते हैं। इसमें और पानी मिलाकर इसे मिला कर पनाबना लेते हैं।

59. **नडिया बड़ा:-**

रामग्री:- 1 कप नारियल कसा हुआ, 1/2 कप चावल भिगोया हुआ, 1 टुकड़ा अदरक नमक, कलि मिर्च, हल्दी, हिंग, जीरा, गुड।

विधि:- पानी में बांधनी हिंग को भिगोकर रख लेते हैं। पानी को छान कर चावल के साथ नारियल, हल्दी, जीरा, काली मिर्च, नमक, अदरक, मिलाकर पीस कर मिश्रण बना लेते हैं। फिर थोडा हिंग पानी इसमें डाल थोडा और पानी इसमें डाल देते हैं। एक तवे में घी डालते हैं और गर्म करते हैं। इस घी में मिश्रण के छोटे छोटे टुकड़े को हांथों से थोडा दबाकर बड़ा जैसे बनाते हैं और छान लेते हैं।

60. **जगन्नाथ वल्लभ:-**

सामग्री:- 3 कप मिश्रित स्वाद का आटा (रागी, रामदाना, सोयाबीन, ज्वार, और मक्के का आटा) 1 कप गुड, घी, दालचीनी पाउडर, तेजपत्ता, लौंग चूरा, जायफल चूरा।

विधि:- कम आंच में घी को गर्म करते हैं और इसमें आटा को डाल देते हैं, इसे अच्छी तरह भून लेते हैं, फिर इसे अलग निकाल लेते हैं। एक बर्तनमें चीनी या गुड के एक तार

की चासनी तैयार करते हैं इसमें लौंग, जायफल, दालचीनी चूरा डालते हैं, इसमें भूना आटा डाल देते हैं और इसे अच्छे से मिलाकर चलाते रहते हैं, फिर इसे उतारकर ठंडा कर काट लेते हैं। जगन्नाथ वल्लभ तैयार है।

जगन्नाथ बल्लभ

61. **वल्लभ**:-यह स्नान पूर्णिमा को बनाते हैं

सामग्री:- 1 कप सूजी, 1 कप चीनी, 1 बड़ा इलैचा, गोलमरीच, खाने वाला कर्पूर।

घी को गर्म करते हैं इसमें सूजी को डालकर भून लेते हैं और इसे चलाते हुए मिक्स करते हैं। एक अलग बर्तन में चीनी और पानी मिलाकर चासनी बना लेते हैं इसमें इलैचा, गोल मरीच, कर्पूर डाल कर इसमें सूजी डाल देते हैं और मिश्रण करते हैं जब यह सूख जाए इसे इस मिश्रण को एक थाली में निकाल लेते हैं और फिर इसे काट लेते हैं, वल्लभ तैयार है।

62. **चूड़ा घसा:-**

सामग्री:-चिउड़ा, गुड, घी, कर्पूर, नारियल चूरा, लौंग, जायफल, इलाइची।

विधि:- चिउड़ा को सूखा दरदरा पीस लेते हैं, इसमें घी मिलाते हैं, घी को पिघलाते नहीं हैं, अब इसे हांथों से मिलाते हैं, अब इसमें गुड का चूरा मिलते हैं और हांथों से मिलाते हैं। अब इसमें 1 कप नारियल चूरा को मिलाकर दोनों हांथों से मिलाते हैं। इस प्रकार नारियल चिउड़ा को और मुलायम कर देता है। अब इसमें लौंग.जायफल,

इलाइची, कर्पूर का पाउडर और कुछ ड्राई फ्रूट्स भी मिला देते हैं। इसमें एक चुटकी खाने वाला नमक भी मिलाते हैं, इस प्रकार चूड़ा घसा तैयार है।

चूड़ा घसा

63. **गोटी पोटल:-**

सामग्री:-परवल ½ किग्रा, थोडा छिलका के ऊपर खरोच कर ऊपर से नीचे कट लगाते हैं, नमक, हल्दी, हिंग, नारियल चुरा, जीरा, सौंफ, लौंग, इलाइची, गुड, अदरक, कालीमिर्च, देसी घी, पानी, 1 गिलास दूध मलाई वाला।

विधि:- मसाला को पिसा जाता है, नारियलअदरकखड़े मसाले और पानी डालकर पिसा जाता है, हांडी में परवल डालकर एक साथ सभी सामग्री डाल देते हैं और दूध को डाल देते हैं, यह दूध में ही पकता है। इसे ढँक देते हैं, 5 मिनट के बाद उबाल आने पर इसमें गुड डाल देते है और 4 बड़ा चम्मच घी डाल देते हैं। धीरे धीरे पकने के बाद इसे निकलते हैं।

गोटी पोटल

64. फेनी या खजा:-

सामग्री:- 2 कप मैदा या चावल आटा, 3 चम्मच घी, नमक।

विधि:- परात में आटा, नमक, घी मिलाकर गूंथते हैं। आटा ज्यादा सख्त या नरम ना हो। थोड़े घी में चावल आटा या मैदा का पतला घोल बनाते हैं। पानी को गर्म कर उसमे चीनी मिलाकर एक तार की चासनी बनाते हैं, इसमें इलाइची पाउडर डालकर पकाते हैं, 2 मिनट के बाद इसमें निम्बू का रस थोडा डालते हैं क्योंकि यह चासनी को बैठने नहीं देता। गुंथे हुए आटे की छोटी छोटी लोई बनाकर इसमें मैदा लगाते हुए रोटी जैसा बेल लेते हैं। इस प्रकार रोटी बना लेते हैं। इस रोटी में घी और मैदा के घोल को थोडा थोडा लगा देते हैं और इसके उपर मैदा थोडा थोडा छिड़क देते हैं, इसी प्रकार और रोटियाँ बना लेते हैं; फिर एक रोटी के ऊपर दूसरी रोटी को रखते हैं और सबसे ऊपर की रोटी के ऊपर भी घोल को लगाकर उसके ऊपर मैदा को छिड़क देते हैं। फिर इन रोटियों के सेट को मोड़ते हैं और इस को छोटे छोटे टुकड़ों में काट लेते हैं। इस एक टुकड़े को लेकर दबाकर बेल लेते हैं, इसे थोडा मोटा बेलते हैं। एक कढाई में घी गर्म कर कम आंच में रखते हैं, इस गर्म घी में इस बेले हुए टुकड़ों को छान लेते हैं। देखना है घी बहुत गर्म ना हो। इसे पलट पलट कर छान लेते हैं। इसे निकालकर हलकी ठंडी चासनी में डालकर तुरंत निकाल लेते हैं। फेनी तैयार है।

फेनी

65. **रसबेली**:-रथयात्रा के अंत में रसगुल्ला के साथ रसबेली का भी भोग लगता है।

सामग्री:- 500 ग्राम छेना, 100 ग्राम आटा, खंड (गाढ़ादूध और गुड का मिश्रण), इलैचा, जायफल, लौंग, (इन्हें कूट कर रख लेते हैं)।

विधि:- छेना को हांथों से दबाते हुए मिला लेते हैं, इसमें थोडा आटा, गुड और ऊपर बना थोडा मसाला मिला लेते हैं। एक कढाई में घी गर्म करते हैं और एक केले के पत्ते में पानी लगाकर इस आटा मिश्रण को बड़ा जैसा लेकर छोटा छोटा दबाते हुए छान लेते हैं। इसे निकालकर इसके ऊपर खंड को छिड़क देते हैं रसबेली तैयार है।

रसबेली

66. **रसगुल्ला**:-यह निलाद्री बीजे के समय लगता है।

सामग्री:- 1 लिटर दूध, इलाइची, 2 चम्मच दही, 1 चम्मच सूजी, 1 कप चीनी।

विधि:- हाई फ्लैम में दूध को उबालते हैं। दही में पानी मिलाकर धीरे धीरे दूध में मिलाते हैं तो दूध फटता जाता है और छेना बन जाता है, इस छेना को कपडे में दबाकर

रखते हैं की पूरा पानी निकल जाए, फिर इसे निकालकर उँगलियों से दबाकर अलग अलग कर लेते हैं और इसमें सूजी मिलाते हैं, इस छेना को छोटा छोटा गोल गोल कर लेते हैं। इसके पश्चात एक अलग बर्तन में चीनी और पानी की पतली चासनी बनाकर रख लेते हैंऔर इसमें छेना के गोल गोल बनाकर डालते हैं फिर ऊंची आंच में 8 घंटे उबालते हैं, फिर इसमें इलाइची का पाउडर मिलाते हैं और ढांक देते हैं, 25 मिनट बाद इसे थोड़े पानी में डालकर देखते हैं यदि यह ऊपर आ जाए तो इसे फिर उबालते हैं और 10 मिनट बाद पुनः पानी में डालते हैं यदि यह डूब जाए तो यह तैयार है। आंच बंद कर 5-6 घंटे तक इसे चीनी की चासनी में डाल देते हैं, रसगुल्ला तैयार है।

रसगुल्ला

67. छेना पोड़ा:-

सामग्री:- 1 ½ लिटर दूध, 60 ग्राम चीनी, 3 चम्मच देसी घी, बारीक़ कटे काजू, बादाम, 2 चम्मच निम्बू का रस /विनेगर, 250 ग्राम नमक, 2 बर्तन –एक छोटा और एक बड़ा कडाही।

विधि:- छेना पोड़ा बानाने के लिए पहले छेना बनायेंगे। इसके लिए कडाही में दूध डालकर गर्म करते हैं, जब इसमें एक उबाल आ जाये इसमें विनेगर या निम्बू डालकर मिलाते हैं, इसमें थोडा थोडा विनेगर डालकर मिलाते जायेंगे, फिर यह धीरे धीरे छेना बन जाएगा जबपूरी तरह दूध फटकर छेना बन जाएगा, अब एक बड़े बर्तन पर सूती कपडा रखकर इसमें दूध को छान लेते हैं, छेना और पानी को अलग अलग बर्तन में

रख लेते हैं। अब आंच बंद कर देते हैं। गर्म छेना में छोटी इलाइची डालते हैं, इसमें तीन चम्मच सूजी, कटे हुए काजू, कटे हुए बादाम.पिस्त डाल देते हैं, 60 ग्राम चीनी मिलाते हैं, इसे अच्छे से मिक्स कर लेते हैं, इसमें छेने का पानी 2 चम्मच मिलाते हैं। इसमें देसी घी 2 चम्मच मिलते हैं क्योंकि छेना थोडा चिपचिपा और गीला होना चाहिए, अगर छेने का मिश्रण ऐसा नहीं रहेगा तो छेना पोड़ा अच्छा नहीं बनेगा, इसमें 1/4 बेर्किंग पाउडर भी मिला सकते हैं, अब एक छोटे बर्तन में घी लगा लेते हैं इसके ऊपर साल के पत्तेया कागज (बटर पेपर) लगाकर इसके उपर भी घी लगा लेते हैं और इसमें मिश्रण को डालते हैं। एक कढ़ाही में एक बड़े बर्तन में नमक डालकर इसे मध्यम आंच पर रखते हैं इस बर्तन में ढक्कन लगाकर थोडा गर्म करते हैं इसे पूर्व से गर्म कर रखते हैं, फिर इसके ऊपर छोटा बर्तन को जिसमे मिश्रण होता है को रख लेते हैं, इसमें ढक्कन लगाकर 35-40 मिनट इसे पकाते हैं। ठंडा होने के बाद इसे निकल लेते हैं, ढक्कन हटाकर छेना पोड़ा को किनारे से बर्तन से छुड़ाकर एक थाली आकारके बर्तनपर रख लेते हैं, यह तैयार है भगवन जगन्नाथ का महा प्रसाद छेना पोड़ा।

छेना पोड़ा

68. दही बरा:-

सामग्री:- उड़द 1-2 कि.ग्रा., हींग 5 ग्राम, चावल चूरा 100 ग्राम, दही 2 कि.ग्राम, नमक, अदरक, मिर्च, खोवा 20 ग्राम, चीनी 500 ग्राम, धनिया पत्ता, आम अदरक।

विधि:- उड़द को पीसकर इसमें चावल चूरा, नमक, कूटा हुआ अदरक, हींग को डालकर, मिलाते हैं और इसे गोल दोल कर बड़ा की तरह छान लेते हैं, इस प्रकार बड़ा तैयार हो जाता है, एक अन्य बर्तन में दही लेकर उसमे कूटा हुआ जीरा, खोवा, आम

अदरक, चीनी, मिर्च, नमक, अदरक, धनिया पत्ता डालकर मिलाते हैं अब इसमें बने हुए बड़ों को डाल देते हैं, इस प्रकार बड़ा तैयार है।

दही बड़ा

69. छेना रसा:-

सामग्री:- छेना 1 किग्रा, नारियल 2, चीनी 100 ग्राम, घी 200 ग्राम, मसाला:- गोल मरीच 15 ग्राम, जीरा 25 ग्राम, इलाइची 5 ग्राम, लौंग 3, दालचीनी 10 ग्राम, नमक, हल्दी।

विधि:- मसाला कूटकर रख लेते हैं, नारियल चूरा कर लेते हैं, मिटटी के बर्तन में पीसा नारियल, पीसा मसाला, एवं हल्दी मिलाते हैं, उबाल आने पर इसमें चीनी डालते हैं फिर इसमें छेना के छोटे छोटे गोल गोल बनाकर डालते हैं, छेना रसा तैयार है

70. छेना चकुली (चिला) पीठा:-

सामग्री:- उड़द 250 ग्राम, चावल 500 ग्राम नारियल के टुकड़े, चीनी 100 ग्राम, घी, छेना 250 ग्राम।

विधि:- उड़द और चावल को पानी में भिगोकर रखते हैं फिर इसे पीसते हैं, इसमें छेना और चीनी मिलाते हैं, एक कढ़ाई में नारियल और छेना को तलते हैं, इसे चावल और उड़द के साथ मिलाते हैं। एक तवे में घी डालकर इस मिश्रण से चिला बनाते हैं।

71. गोटी बैगन:-

सामग्री:- 4 बड़ा हल्का बैगन, बड़ा चम्मच 7 नारियल, गोटा मरीच, हल्दी, नमक, गुड, हींग, 2 चम्मच अदरक, 2 सौफ, घी, 2 जीरा।

विधि:- अदरक को काटकर रख लेते हैं, नारियल और सभी मसालों, नमक आदी को बारीक़ पीस कर मिश्रण बना लेते हैं। बैगन को लम्बाई में 2-3 भाग में काट लेते हैं परंतु कटे भाग को अलग अलग नहीं करते हैं। इन बैगन के अन्दर इस मिश्रण को भरते हैं, अब एक बर्तन में इन बैगन को रख कर इसके ऊपर के मसालों के मिश्रण का पानी डालते हैं एवं इसमें और 3 कप पानी डाल देते हैं और गर्म करते हैं, जब बैगन थोडा पक जाए तो उसके ऊपर थोडा हींग, गुड और घी डाल देते हैं। थोड़े बाद आंच को बंद कर देते हैं इसमें पुनः घी और गुड आदी के मिश्रण के पानी को मिला कर देते हैं। इस प्रकार गोटी बैगन तैयार है।

गोटी बैंगन

72. मून्गेई:-

सामग्री:- मूंग ½ किलोग्राम, घी, नमक।

विधि:- एक मिटटी के बर्तन में पानी डालकरसाबूत मूंग को अच्छे से धोकर नमक डाल कर इसमें पकाते हैं, तत्पश्चात इस मूंग को एक बर्तन में निकलते है और इसका पानी निथार लेते हैं। पश्चात मूंग को मसल कर पीस लेते हैं। इसमें बीच पुनः थोडा नमक

डालते हैं और इस पेस्ट के गोल गोल पेडे बनाकर फिर दबाकर चपटे आकार मेंची में छान लेते हैं। यह पौष माह में पहली भोग बनता है।

मून्नोई

73. खली रूटी (एक रोटी):-

सामग्री:- आटा, नमक, अन्जवाइन, हींग, घी।

विधि:- मिटटी के एक बर्तन में पानी डालते हैं और गर्म करते हैं इस गर्म पानी में आटा, नमक, अन्जवाइन, हींग को डालकर खली (एक मोटा पेस्ट) बनाते हैं, इसे बीच बीच में चलाते रहते हैं जबतक अच्छे से पक ना जाए। पकने के पश्चात इसे उतार लेते हैं यह खली तैयार है और फिर एक पाटा में घी डालकर इस खली से थोड़े थोड़े मात्रा में खली को डाल कर इसकी लोई बनाते हैं और इसे बेलकर घी में पूरी जैसे बनाते हैं और घी में छान लेते हैं। यह खली रोटी तैयार है।

खलीरूटी

श्री जगन्नाथ संस्कृति

आज के इस घोर अधार्मिकता एवं अनैतिकता भरे संसार में जब मनुष्य मनुष्यता को छोडकर पशुतुल्य प्रवृतियों मेंप्रवीण होता जा रहा है, लोगों के आपसी सबंधों में कडवाहट इतनी बढ़ रही है कि कोई भी सम्बन्ध महत्वहीन होते जा रहेहै, इसके साथ ही लोगों मेंपशु-पक्षियों, जीवों, वनस्पतियों पेड़ पौधों, जल स्रोतों, के प्रति दया, प्रेम, करुणा, आदर, सम्मान, सुरक्षा आदि भावनाएं भी समाप्त हो चुकी हैं, लोग अपने स्वार्थ, अहंकार, लोभ, माया, मोह, द्वेष, घृणा में इतने डूबे हुए है, कि उन्हें ज्ञान ही नहीं कि वेक्या कर रहे हैं, क्यों कर रहे हैं एवं इनके क्या परिणाम होंगे। आज मनुष्य अपने सनातन संस्कार और संस्कृति को त्याग कर या उनको अपनी सुविधा अनुसार परिवर्तित कर आचरण, ब्यवहार करते हैं, जिसके कारण आज वे स्वयं ही नहीं पूरा विश्व विनाश के कगार पर आकर खड़ा हो चुका है, चारों ओर हिंसा, महामारी, प्रदूषण आदी से वनस्पति, पृथ्वी, आकाश, जल, वायु आदि विषाक्त होतेजा रहे हैं, ऐसे में सिर्फ सनातन धर्म और संस्कृति के आचार, विचार और नियम ही स्वस्थ जीवन का आधार बन सकते हैं और इसी सेही इस विश्व को विनाश से बचाया जा सकता हैक्योंकि सनातन धर्म और संस्कृति वेदों में निहित ज्ञान के आधार पर बनाये गए हैं। महाप्रभु जगन्नाथ की संस्कृति के सभी सेवा निति नियम, उच्च सनातन धर्म के आधार हैं जिसमे सभी धर्म एवं जाति के लोगों को महाप्रभु ने अपनीसेवा का सामान अवसर दिया है। श्री मंदिर में महाप्रभु की सभी प्रकार की नित्य सेवा के लिए विभिन्न जातियों के लोगअलग अलग सेवा के लिए निर्धारित किये गएहैं और उन लोगों में कोई ऊँच-नीच, छोटे-बड़े का भेदभाव नहीं होता है, इसके साथ ही वहां सिर्फ स्वदेश में ही मूल रूप से उत्पन्नसाग सब्जियों वनस्पतियों से ही भोग बनाया जाता है यह स्वदेशी चीजों के प्रति प्रेम एवं निष्ठा को प्रेरित करता है, मिटटी के बर्तनों से भोग बनाने में शुद्धता आती है और यह लोगों के स्वास्थ्य के लिए भी अच्छा होता है। इनसे कई कुम्हार परिवारों का जीवन भी चलता है। महाप्रभु का महाप्रसाद प्रतिदिन लाखों लोगों के लिए बनता है और जिसे सभी श्रद्धा पूर्वक ग्रहण करते हैं औरवहां कभी कोई भूखा नहीं होता है। इस प्रकार यह सर्वथा उचित है कि श्री जगन्नाथ संस्कृति में ही पुरे विश्व का कल्याण निहित है। अतः श्री जगन्नाथ संस्कृति को अपनाते हुए मानव कल्याण हेतु देश के विभिन्न शहरों, ग्रामों के आलावे

अब विश्व के विभिन्न देशों में भी महाप्रभु श्री जगन्नाथ के भव्य मंदिर बनाने के साथ ही अन्य कार्यक्रमों रथयात्रा आदि का भी आयोजन भारतीयों एवं वहां के मूल निवासियों द्वारा भी किया जाता है। इसी श्री जगन्नाथ संस्कृति को उड़ीसा से लगे प्रान्त छत्तीसगढ़के लगभग सभी सीमावर्ती शहरों एवं गांवों में आज भी पालन किया जाता है और इन सभी ग्रामों और शहरों में श्री जगन्नाथ मंदिर अवश्य है। और उन ग्रामों और शहरों के निवासी पूरी तरह महाप्रभु जगन्नाथ को ही अपना ईष्ट मानते हैं और सभी प्रकार से उनकी सेवा और निति नियमों का पालन करते हैं।

छत्तीसगढ़ के सीमावर्ती इन सभी शहरों और ग्रामों में जहाँ श्री जगन्नाथ संस्कृति का परिपालन होता हैं। जिसमे रायगढ़ शहर स्थित श्री जगन्नाथ मंदिर सर्वाधिक प्राचीन रियासत कालीन समय का है। यहाँ मंदिर के वामभाग के पश्चिम में माता महालक्ष्मी का सुंदर मंदिर उसी काल का बना हुआ है। सन 2022 में श्री जगन्नाथ मंदिर का भव्य सिंहद्वार भी बनाया गया। सिंहद्वार प्रतिष्ठा के समय पुरी गोवर्धन पीठ के श्रीमज्जगद्गुरु शंकराचार्य स्वामी श्री निश्चलानंद सरस्वती जी ने भी देव स्नान पूर्णिमा को इस मंदिर में भगवान की पूजा अर्चना की। रायगढ़ में रियासत काल से ही दो दिवसीय शहर में भव्य रथयात्रा निकाली जाती है एवं एकादशी को स्वर्ण युक्त अलंकारों से महाप्रभु का सोनाभेश किया जाता है, जिसे देखने दूर दूर से लोग आते हैं।

श्री जगन्नाथ मंदिर, रायगढ़

श्री जगन्नाथ मंदिर सिंहद्वार

श्री महालक्ष्मी मंदिर

सोनाभेष श्री जगन्नाथ

माता श्री महालक्ष्मी

रथयात्रा, पुरी

रथारूढ़ो गच्छन् पथि मिलित भूदेव पटलैः
स्तुति प्रादुर्भाविम् प्रतिपद्मुपाकरण्य सदयः।
दया सिन्धुर्बन्धुः सकल जगतां सिन्धु सुतया
जगन्नाथः स्वामी नयन पथ गामी भवतु में॥